悩みが消えてゆく スピリチュアル・メッセージ

天使との対話

夏沢俊介

SEIKO SHOBO

天使との対話

宇宙はなぜあるのか、
宇宙、神、人間に関する真実とは何か、
自分とは何か、
人生とは何か、
人は何のために生きているのか。
その真実を知りたい。

はじめに

「天使と対話する？　そんなばかな！　第一、そんな存在は人間の作り話ではないか！」と思われるかもしれません。

しかしこれは事実、私に起きたことです。でも目の前に天使が姿を現したり、頭の中に天使の声が聞こえてきたりしたわけではありません。もしそうなら、まず自分の正気を疑ってみるべきでしょう。

天使と私の対話は、一年半前くらいから徐々にはじまりました。そのころ私はいろいろな悩みごとを抱え、身動きのとれない状態にありました。だれもが人生を送っているかぎり、「家族、仕事、お金、病気、愛、老い、死」という問題に直面しますが、私もその例外ではありません。そのなかで私は「なぜだ、どうしてこうなったんだ」と、自問自答を繰り返していました。しかしそれは悩みを深くするだけで、何の解決にもなりませんでした。そしてあるとき、まったく絶望してしまいました。「もうだめか。死ぬしかないか……」とさえ思うようになりました。まったく暗闇の底に落ち込んでしまったのです。

そのギリギリの絶望状態にいるときに、「そうだ！　もう一度人生について、根本的なことから見直してみよう」と、ふと思い至りました。そして夜寝る前に布団に入りながら、いろいろな問題について考えるようになりました。

しばらくこれを続けていくうちに、あるときから眠くなりはじめると、不思議なことに安心感を持ちはじめ、疑問に対する回答のようなものが浮かんでくるようになったのです。それはだれかが「それは、こういうことなんだよ。そんなにくよくよ悩むことではないよ」と言っているようにも思えました。しかしなにしろ寝入りばななので、その具体的な内容はよくわかりません。そのうちある種の満足感、というよりは幸福感に近い感覚とともにぐっすりとした眠りにつくのです。翌朝、布団のなかで目覚めると、あたまがスッキリしています。そして眠る前に考えた疑問に対する「回答」がはっきりわかるのです。それは具体的な言葉ではなく、何かをつかんだという「感覚」としてわかるのです。

この感覚を言葉で説明するのは難しいのですが、今までどうしてもわからなかったことが、「わかった！」というときの感覚に近いものがありました。しかしそこには心を熱狂させるようなものは一つもなく、静寂が限りなく広がっていることを感じました。そして穏やかな平和の感覚、安心感、安堵感がありました。

こういう状態がしばらく続いたあと、疑問に対する「回答の感覚」ではなく、はっきりとした言葉として回答が現れるようになりました。そして私はだれかと対話していることに気づいたのです。

それは明らかに今の自分とは違う存在でした。なぜならその回答には、それまでの自分には知りようもなかったことが多く含まれていたからです。もちろん知っていたこともありましたが、それがどういう位置づけを持つものなのか、あるいはどういう理由なのかについては知らないことばかりでした。しかしその存在は、それらが理路整然とした「全体」のなかで統合されるようにていねいに私を導いてくれました。

こうして私はこれらの回答を文章としてまとめるようになりました。これが本書の基礎となった部分です。そうしたなか、あるときワープロに向かったとたん、疑問に対する回答が流れるような文章として私の指から打ち込まれることもありました。しかしこれは、いわゆる「自動書記」とは違うものです。なぜなら自分の指がだれかにコントロールされているという感覚はなく、自分の意識と理性はしっかり保っていたからです。

さらに本書を執筆する過程のなかで、私はそれまでの悩みがウソのように消えていくことに気づきました。依然いろいろな悩みはありますが、それに対する「心の持ち方、考え方」がそれまでの自分とはまったく違うことにも気づきました。「心の持ちよう」が一八〇度転換したと言ってもいいでしょう。こうして私は「暗闇の底」から抜け出すことができたのです。

私の疑問にていねいに忍耐強く答えてくれた存在は、「天使」であることを疑っていませんが、天使はそう呼ばれることを否定はしないものの、肯定もしません。天使自身は「仕える存在の一人です」と言うのみです。しかし私としては「天使」と呼びたい。そうでなければ私の出した難しい疑問に明快な回答を与えられるわけがないと思うからです。

本書にはこれまで知られることのなかった多くの驚くべき真実が明らかにされています。しかし、本書全体を通して、私たちの理性で納得できないような、頭ごなしのドグマのようなものは一切ありません。天使も言っているように、「ドグマは人を分裂させ、争いを招く」だけだからです。本書に書かれていることは、ほんとうは理性や合理的思考を超越したところにあるのですが、普通の人間である私たちには、理性や合理的思考しかありません。そして何かを感じる心、宇宙の謎に直面したときの驚異の感覚、人生の巡り合わせに感じる愛や喜びの感情、私たちを取り囲む大自然の美に気づいたときの感動、そういうささやかなハートしかありません。

そこで、天使が私たちの言葉で、私たちの理性とハートが納得できるように「探求」に参加してくれたのです。この探求の過程が「天使との対話」なのです。

目次≫Contents

I
天使との対話

II
宇宙創造の目的

III
自由意志

IV
「なる」から「ある」へ

V
永遠の生命

VI
空なる器

Ⅶ
「仕える存在」の知恵

装幀――――フロッグキングスタジオ

I
天使との対話

無限について「知っているか」と問われれば
私は「知らない」と答えよう
問われなければ
私は「それについて、何かをたしかに知っている」
無限がその真の姿を顕すとき
いったいどんなことが起きるのか
せめてそれを知りたい

聖なる存在に導かれて

……あなたは今悩んでいます。どこかに出口はないかと必死にもがいています。探すべきは出口ではなく、「入り口」なのです。それはあなた自身のなかにあります。そこに気づいてください。

私はあなたと対話することを許され、今、あなたの「入り口」に立っています。しかし、私の姿を見ることはできません……。

だれかが語りかけている……。それとも気のせいか……。

驚かないでください。また、恐れないでください。私は、あなたがたに仕える一人です。あるいは、遣《つか》わされたものの一人です。

ちょっと待って……。夢を見ているわけでもないし、自分が正気なのか不安になってきた。たしかにだれかが語りかけてきているような気がする。でも、不思議なことに混乱していない。とても不思議だ。むしろ、これまでに感じたことのないような静けさが、心とまわりに広がっているようだ。なんだろうこの静寂は……。嵐が過ぎ去ったあとに広がる青空に感じるすがすがしさと、安堵感に似た感じ……。声には、限りない優しさと理解が含まれているように感じる。

「仕える一人」？　どういう意味だろう。「遣わされたものの一人」とは……。

「天から遣わされた」という意味なのか……。すると、さっきの声は天使なのか？

思い切ってこちらから聞いてみようか……。

あなたは天使ですか……？

私を天使と呼びたければ、そう呼んでもかまいません。しかし、「天使」という言葉には、さまざまな憶測、先入観、あるいは偏見さえひそんでいます。そういうものはすべて捨ててください。そうでなければ対話をはじめることができません。

えっ！　天使と対話する？　でも、天使のような聖なる存在と対話するのに、私がふさわしいとはとうてい思えない……。

あなたが私と対話することにふさわしいかどうかは、問題ではありません。あなたが心の奥底で悩み、「真実」を求めていることが重要です。「真実」に仕える私たちは、あなたがたを援助したいといつも願っています。そしてあなたの願いは聞き入れられました。あなたは「真実」

に近づくチャンスを与えられたのです。

あなたは聖なる存在で、私は一介の俗物にすぎません。俗物は聖なる存在を恐れます。

自分を卑下するのはやめなさい。あなたにかぎらずすべての人は「聖なる存在」とのつながりがなければ生きてゆけないからです。しかし、私は「聖なる存在」ではありません。「聖なる存在」に仕える一人です。ですから対話を恐れないでください。このようにして、あなただけでなく、ほかの人たちも私たちと時々語り合うことがあります。でも、私たちは姿を見せてあからさまに現れることはめったにありません。それはあなたがたを新たな先入観で縛り付けたり、有頂天にさせたり、恐れさせたりするからです。最悪の場合は、あなたがたから理性や合理的思考を奪いかねないこともあります。

でも、なぜこのようなことが私に起きようとしているのですか?

あなたの疑問や悩みは、ほかの人々にも共通してあるものですが、それらに対する納得のゆく回答を、私との対話を通してまとめてもらうためです。

でも私は、天下り的にあなたの疑問や悩みに答えることは許されていません。ただし、あなたと対話しながら一緒に探求していくことは許されています。

私だけでなく、みんなが持っているような疑問や悩みに答えてくださるということですか？

ええ、そのつもりで対話をはじめようとしているのです。では早速、あなたが私に質問をすることから対話をはじめませんか？　まず、どんなことを知りたいのか、あなたの思うところを言ってみてください。

「無限」を知れば、すべての謎が明らかになるか

わかりました。対話をはじめましょう……。それでは聞きます。いったい「無限」とは何でしょうか？　唐突で奇妙に思われるかもしれませんが、これは前から知りたいと思っていたことです。

ほう……。あなたの質問は単刀直入ですね。しかしまず、あなたの「知りたい」という気持

ちを尊重しましょう。そこに真実に対する純粋な希求の念があるのであれば。

たしかにあなたがたは「無限」に対して無知です。これは有史以来人類が、何千年もかけて問うてきた疑問でもあるのです。それにしても、これまであなたが悩んできたような人生の問題についてではなく、なぜそのようなことを聞くのですか？　ほかにも私たちと対話する人はいますが、だれもそんなことは聞きませんよ。

私はなにも、人類が模索してきたことに対する決定的な回答を得たいわけではありません。「無限」を知ることができれば、ほかのさまざまな疑問に対するヒントが得られるのではないかと感じたからです。それとも「無限とは何か」という問題は、あなたとの対話にふさわしくないテーマなのでしょうか？

そんなことはありません。ただ、この対話があなたの単なる知的好奇心を満たすためだけに終わるとしたら、それは私の意図ではありません。あなたがこの対話をきっかけにして、自分自身を見つめ、人生を見直すことができなければ対話の意味はありません。ですから「無限とは何か」という問題は、その目的を見失わなければ良いテーマとなるでしょう。なぜなら、この問題からはじめれば、あなたがた自身のことや、人生の生き方の問題は、「宇宙」という広大な「文脈」のなかで、より深く、より広く、探求していくことができるからです。

えっ、それはすごいことです！　なんだかわくわくしてきました。私の疑問はあながち的はずれではないということですね。あなたは、私たちの世界を超えたところにいると思うのですが、それならば「無限」を見ることができるのですね？

私たちが「どこに」いるかについては、あとで探求しましょう。でも、私たちもあなたがたと同じように、無限そのものを見ることはできません。しかし、無限が私たちに顕現《けんげん》する姿についてはは知っています。

それでは無限についてあなたの知っていること、見たことをすべて話してください。

残念ながら、すべてを語ることは許されていません。これは、あなたがたが知ることを許されていないからではなく、私の見たこと、知っていることをすべて語っても、あなたがたに理解できることは多くはないからです。それはあなたがたを混乱させるだけです。ですから、これから私が語ることは、あなたがたがすでに知っていることを、あなたの思考に合わせて私の観点から見直したものにすぎません。したがって、これから語ることを「絶対の真理」などと思わないように。真理は真理自らあなたがたに直接、顕現するからです。

見える無限、見えない無限

わかりました。それでは、無限はあなたがたにはどのように見えるのか、私たちにわかるように説明してください。


その前に、あなたがたに無限はどのように見えるか探求してみましょう。

自我を真の自分だと思っているあなたがたの思考は、小さな窓のような働きをします。その窓から見えるものはそんなに多くありません。しかし実は、その窓から見ることのできない広大な領域が存在しています。無限をあなたがたの思考という窓を通して見ているかぎり、その全容を知ることはできません。しかし窓を通して、無限の一部、あるいはその影を見ることができます。これらについては、あなたがたはこれまでに多くの研究をしてきました。たとえば1、2、3、……のようなどこまでもきりがなく続く数、無辺な空間の広がり、永遠の時間などがありますね。このようにどこまでいっても窮《きわ》め尽くせないような無窮《むきゅう》さは、あなたがたの思考の窓を通して見える無限の一例です。

このようにあなたがたは、無限という言葉から単純に、何かが無数に多くあることや限りない広がりを連想しています。あなたがたの思考の窓からはそれ以外の無限は見えないからです。

しかし私の知りたいことは、数の無数の多さや時間と空間の限りのなさのような「無限」のことではありません。

私にはあなたの思いは見えています。思考という小さな窓を通しては見えない無限について知りたいのですね。それは、あなたがたの窓を通して見える無限を遙《はる》かに超越しています。そこはあなたがたには未踏の世界です。

見えない無限を探求することによって明らかになってくることは、人間の存在の起源であり、宇宙創造の目的であり、人生の意味といった、「魂」に関する深遠なストーリーです。そして「無限」を探求することで、人生の根本的な疑問に対するヒントも現れてくるのです。

これからあなたと一緒に探求していくことは、昔から多くの人々が、その秘密を明かそうと格闘してきた疑問でもありました。

無限の「リアリティ」と「影」

実は見えない無限を探求するためには、理性や合理的思考はあまり役に立たないのです。人間の思考は欺瞞《ぎまん》を生み出すことがあるからです。

うーん、たしかに思い当たる節があります。たとえば黒いカラスを、白いと言いくるめることは可能ですね。黒を白と言いくるめる議論は、私たちの世界、特に政治の世界では日常茶飯事であることは、みんな知っています。

政治の世界ではなくても、あなたがたの思考にはそのような欺瞞性がひそんでいます。それは何であれ、自分の論証したいことを論証してしまうという、あなたがたの自己欺瞞性に根ざしています。これは非難しているのではありません。事実を述べたまでです。

私はそういう自己欺瞞性を消滅させるヒントを贈りたいのです。自己欺瞞を避けるには、何の先入観も偏見も抱かずに、現実を直視することです。すべての先入観、偏見を捨てることなしに、現実をありのままに見ることは不可能です。

思考が役に立たないならば、見えない無限に近づくにはどうしたらよいのでしょうか?

あなたがほんとうに知りたい無限は、哲学や宗教上のドグマでは到達できなかった一つの「リアリティ」なのです。それは合理的な思考によっては、把握することも認識することもできないと、あっさり認めてしまうほかない、理性の地平の彼方遠くのリアリティです。それは先入観や偏見に汚された思考が存在しなくなったときに、立ち現れる何かでもあるのです。

したがって、見えない無限については、あなたがたの言葉では定義できません。定義できたとすれば、それは、あなたがたの視野に漏れ出てくる真の無限の「影」とも言うべきものです。

　でも、私たちはその影を頼りに、理性で見えない無限にある程度近づくことができませんか？　そうでなければ私たちは無限という言葉さえ知りようもなかったはずです。

そうです。でも、あなたがたが知っていることは、「無限」という言葉があることだけです。あるがままの無限を知っているわけではありません。

　では、見えない無限に近づくための方法はないのですか？

いいえ。広大な宇宙を眺めてください。そこにヒントが見つかるはずです。

あなたがたは宇宙科学の進歩によって、現在のところ、一四〇億光年先の宇宙を観測しています。これは、一四〇億年前の過去の宇宙を見ていることと同じですね。このことからあなたがたは、宇宙は少なくとも一四〇億年以上前にはじまったと推測しています。でも、観測技術が進んでその先が見えたとしても、必ず観測の限界が生じます。これは宇宙が膨張していることから生じます。地球から遠くの空間ほど、膨張のスピードは増し、観測の限界ギリギリのところでは、光の速さに近づいているからです。

あなたがたは、光の速さで遠ざかる、彼方の宇宙空間を、「宇宙の地平」と呼んでいますね。そこは観測によっても決して到達できない、いわば宇宙の果てです。その先を想像してもまったく意味のないことになる、限界、つまり地平なのです。あるいはその先に、宇宙空間が無限に広がっているかどうかも、現在のところ、あなたがたには知られていません。

この宇宙の地平は、宇宙のどの領域でも、まったく同様に生じてきます。ちょうど地球上の地平線に達したと思っても、必ずその先に新たな地平線が現れるようなものです。つまりあなたがたが宇宙のどこにいても、観測される宇宙は果てしなく続いているように見えるのです。

宇宙には、生き生きと無限を映し出しているものが、それこそ無数に存在します。でも、そのどれもが「数える」、「測る」といった方法で、その無限の程度を見積もることができます。これら「無限的なもの」から見えない「無限」を感じませんか？

たしかに宇宙の広大さを考えると、なんとなく無限を感じることができますね。

でも「無限的なもの」とは何ですか？　「無限」そのものとどう違うのですか？

ほんとうにあなたが知りたい「無限」は、あなたがたの計量能力を遙かに超え、数えることも、測ることも、見積もることも不可能な、あるいはそういう試みが意味を失う「存在」です。

その存在を前提とすれば、この宇宙の「無限的なもの」はすべて、その存在の「影」にすぎない、ということになるのです。そして無限そのものが存在しなければ、あなたがたが宇宙を見て感じる無限の広大さという「影」も生じることはなかったのです。しかし先に述べたように、真の無限は計量できる「量」的なものではなく、「質」的なものです。ですからいくら宇宙を眺めていても真の無限に近づくことはできないのです。

人間が無限を見ることはやはり不可能なのか……。でも、このように影を生み出す無限はほんとうに存在するのですか？　無限そのものの存在はどうやって証明されるのですか？

「気づき」が導く無限の世界

結論から言うと、私たちは無限の存在を「知っている」のです。「知っている」という意味は、あなたがたの言葉でいう「知識」として知っているのではありません。上に広がる青空を見て、「私は青空を知っている」と言いますか？　ここで言う「知っている」とは、あなたが上空に限りなく広がる青空を見ている状態に似ています。でも、その正確な意味を、あなたがたの言葉で表現するのはほとんど不可能です。ですから無限の存在を、あなたがたの言葉で証明することもできませんし、その必要もないのです。

真の「無限」は、あなたがたの感覚や推測を遙かに超越し、思考や想像力に関係なくあるがままに存在しています。

あなたがたが「無限」をある程度感じることはできても、その感性は、あなたがたの培ってきた知識、経験、先入観が支配する思考によって条件付けられてしまっています。この条件付けから解放されないかぎり、真の「無限」に近づくことはできません。

だからまず、少なくとも無限そのものの存在を仮定してみてください。そして、そこから出てくるものを検討してみてください。そうすればいろいろなことが見えてくる可能性があるのです。

えっ、「仮定」？　これは意外なことをおっしゃいますね！　あなたは無限を「知っている」存在なのに、なぜ仮定という言葉を使うのですか？

それはあなたがたの思考と言葉に合わせているからです。私が見たこと、聞いたことを、そのままあなたに伝えることはできません。それはあなたにとって理解できないことであるし、思考を超えているからです。「仮定」と言ったのは、無限そのものの存在は、それが定義できない以上、合理的思考では決して証明できないからです。ただ、先に述べたように、あなたがたは、宇宙の無限的なものを知ることができることから、その延長上というよりは、それを超越したところに、無限そのものの存在を認めざるを得ないだろうということなのです。

わかりました。では、無限の存在を仮定すると、いったいどんなことが出てくるのですか?

まず、定義もできず、証明することもできない無限の存在を認めるかどうかは、あなたがたの自由です。自由と言ったのは、この問題が合理的思考と理性が支配する学問の領域に属さないからです。むしろそれらを超越したところに属しています。その意味でこの段階は、あなたがたの自由な選択、自由な飛翔が許される領域です。

大切なことは、無限の存在を仮定したとき、そこから導かれる結論が人生や宇宙に新たな意味を与え、新たな展望が開くかどうかです。

実際、無限の存在を認めると、この宇宙が冷たい方程式で支配された、大がかりで機械仕掛けの無意味な偶然の出来事ではなく、あなたがたの短い人生も驚くほど豊かな意味を帯びてくる、そんな展望が待っているはずです。

無限の存在を仮定し、しかも理性や合理的思考を超越すると、立ち現れるもの、それが「リアリティ」です。

そういうことならば、リアリティに立ち向かうのに、理性は役に立たないのですか?

いいえ。ここで誤解を招かないようにしておきましょう。理性や合理的思考を超越するといっても、それらを排除するのではありません。それらを含んでいるものの、さらに広く、奥行きも、高さも、深さもある段階という意味です。含みかつ超越しています。これを円柱という立体にたとえて説明しましょう。

理性や合理的思考は、円柱の底面に相当しています。円柱全体は底面を含み、かつ超越しています。ふだんあなたがたは、この底面を頼りに生きています。この底面の世界で、仕事上の問題を考えたり、話したり、文章を書いたりしています。でも、あなたがたは円柱の高さや奥行きに気づくことはほとんどありません。しかし底面を超える存在に気づけば、いままでに見たこともない世界が展開しはじめるのです。ここで必要なことは「気づき」です。

私たちは円柱の底面で生きている存在かぁ。なんだかがっかりさせられます。

悲観することはありません。底面が円柱の上方に接しているように、本来あなたがたは上に限りなく広がる思考を超越した世界に接しているのです。そこに気づいていないだけです。

でも、そのような思考を超えた世界の存在は、どうやって証明されるのですか？

その証明もできません。なぜなら「証明」とは、思考の作業であり、思考を超えたものを思考で証明することはできないからです。しかし、それがどのような世界であるかは、「たとえ」で示唆することはできます。

たとえば、あなたがたが生きていくうえで、空気は欠かせませんね。呼吸することは、思考することに似ているのです。呼吸が止まれば思考も止まります。それに対し、「真空」の世界では呼吸もできず、思考もできません。つまり、真空の世界はいわば思考を超えているのです。昔の西洋では、「自然は真空を嫌う」と言われていました。そのころの人々は真空などどこにもないと思っていたのです。しかし、ほんの数百年前に、実験で真空の存在が確認されました。そして今やあなたがたは、地球の大気圏を超えた空間は、真空であり、むしろ空気に覆《おお》われている領域は、真空の領域に比べれば、ごく小さな狭い空間であることを知っています。このように真空の領域、つまり思考を超えた領域は、頭上高く限りなく広がっているのです。

証明できないとすれば、私たちは思考を超えた世界に気づいていない、というわけですね。その「気づき」とは何ですか？

「気づき」とは、気づこうと思って気づくことではありません。そう思うこと自体、思考の範囲を超えていないからです。思考を超えたところに「気づき」があります。ですからこれも、あなたがたの言葉で、それが何であるかを説明することは不可能です。しかし、「気づき」のなかで、無限の存在をかいま見ることができます。

時間と空間を超越する無限

でも、私はまだ、あなたの言う「気づき」の状態にあるとは思えません。ですから理性で納得できるように、無限の存在の性質について説明していただけませんか?

無限の持つ性質のすべてを明らかにすることは不可能です。あなたがたは無限のさまざまな影を見ることはできますが、それらから無限の全体を把握することはできません。影から、影を生み出した全体像を認識することが不可能だからです。

たとえば、先に出した円柱の底面で、光る三つの点が距離を縮めたり広げたり、二つの点になったりしていろいろな動きをしていたとします。底面で見るかぎり、その動きには何の仕掛けもない、まったくランダムで不思議な動きに見えるでしょう。しかし、底面から目を上げ、円柱のなかを見たとします。円柱のなかでは、光る三つの頂点を持つ三角形が形を変えず、回転したり平行に移動したりして、いろいろな動きをしていたとします。その動きが底面に影を落としているとすれば、底面だけで見ていた三点の動きは、不思議ではなくなります。円柱のなかでは、光る三点は三角形という枠組みに構成された、一つの全体なのです。その動きが底面に影を落とすと、底面では三点のばらばらな動きに見えるのです。

円柱の底面という、あなたがたの理性に落ちてくる無限の影を見ることはできても、影を生じさせている全体は、限りなく上に広がる円柱全体に気づかなければ見えてこないのです。

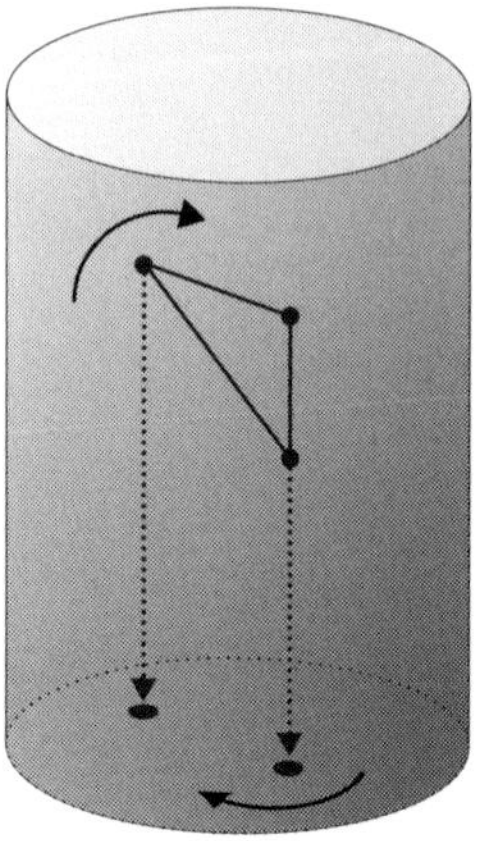

円柱の底面は、人間の日常的な思考の範囲を表しています。底面を超えた円柱（思考を超えた世界）の存在が底面にその影を落としていたとしても、思考がこの底面にへばりついているかぎり、思考を超えた世界で展開している真実に気づくことはありません。たとえば、円柱のなかで光る3つの頂点を持つ三角形がいろいろな動きをしていて、3つの頂点が底面にその影を落としていても、底面では3つの点の不思議な動きとしか見えず、真実の姿に気づくことはありません。図では三角形の動きによってたまたま2つの頂点が重なり合い、底面では2つの点しか見えていない状態を表しています。

そのたとえは少し難しいので、別のたとえで説明してくださいませんか？

いいでしょう。自然界の現象でたとえてみましょう。昔の人々はオーロラを見て、その壮麗な光景に感動したり、恐れたり、不思議に思ったりしました。そこから数々の伝説が生まれました。地上から見ると、オーロラは神秘的な現象に見えるからです。また地上からは、その全体がどうなっているのか見渡すことはできません。しかし、今やあなたがたは人工衛星によって、真空の世界、すなわち宇宙空間からオーロラ全体の姿を見ることができます。そしてあなたがたは、オーロラが地球の極地方の上空を囲み、さながらきらびやかな王冠のように、壮大に光り輝いていることを発見しました。

このオーロラように、思考の世界ではミステリアスにしか見えないものは、それを超えた世界では、驚くべき全体として現れるのです。

なるほど。理性や合理的思考を超えたところ、つまり円柱の底面を超えた上方の世界に「気づき」があり、私たちが気づけば、いままで不思議だったり、ばらばらで無意味に思えたりしたことが、統一された全体として見えてくるということですね。でも、私はまだ、「気づき」の状態にありません。ですからこれからの探求も、合理的思考で行けるところまでいきたいと思います。

それにしても無限の存在があるとすれば、それはどういう性質を持っているのでしょうか？　それともやはり説明することは難しいのでしょうか？

あなたがたが「円柱の底面」にへばりついているかぎりは難しいでしょう。しかし無限の「量」的な面からではなく、「質」的な面から探求することはある程度可能です。そこから真の無限について、いくつかの典型的な特質を明らかにすることができます。

前にも触れましたが、まず無限についてその大きさを見積もるような計量の概念を当てはめることはできません。「無限は宇宙より大きい」などと言うことはできないのです。無限はどんなものとも比較することができません。無限はどんなものによっても計量できない存在です。計量とは時間と空間のなかでのみ行なうことのできる作業ですが、計量が不可能だということは「無限は時間と空間を超越している存在である」ということです。

ここから、無限は宇宙の最大のものにも、最小のものにも、同一であるということが導かれます。なぜなら、もし無限の存在が最大のものにも最小のものにも同一でなかったら、そこに差異が生じ、その差異がどんなにわずかなものであっても、そこから無限を計量することが可能になるからです。

また無限の存在には、はじめも終わりもなく、宇宙のどこか特定の場所ではなく、「今ここに」あるがままに存在しています。無限の存在は時間と空間を超越しているからです。

無限の存在が時間と空間を超越し、宇宙の最大のものにも最小のものにも同一であり、「今ここに」あるがままに存在しているならば、無限の存在は宇宙のすみずみすべて、そこにあるもの、そこで起きることすべてに同一であり、時間のなかで「先にあること」「後にあること」に対しても同一です。

無限が時間にも空間にも関係しないとすれば、それはたしかに「質」的な話ですね。今お話しされた無限の存在という「仮定」から導かれることは、やはり私たちの思考を超越しています。不思議とさえ言えます。しかし抽象的ですね。無限のこれらの性質は具体的にどういうことを意味しているのでしょうか？

あなたがたの知っていることは、知らないことに比べたらほんのわずかで、無に等しいことはわかりますね。そして新しい知識を獲得したとき、その点であなたがたは以前の自分とは違うことに気づきます。あなたがたは常に同一ではなく、変化し、あるいは成長していく存在だからです。しかし無限の存在は常に同一です。ですから無限の存在にとって、もし知られざることがあるならば、無限の存在はあらゆることに同一ではないことになります。したがって無限の存在は「全知」です。

全知という言葉は知っています。無限の存在という仮定から、「全知」がこんなにあっさり出てくるとは驚きです。でも、その意味については、「全てを知っている」というような漠然とした考えしか持っていません。「全知」とはどういうことか、もう少し詳しく教えてください。

人間が把握できる情報は有限です。全知である無限の存在は、宇宙の過去、現在、未来のすべての情報を、現在（present）、つまり、現（いま）在（ある）もの（presence）として認識しているということです。それが無限の存在の性質の一つの表れです。しかしこれが「全知」のすべてではありません。「全知」とはこれ以上の何かですが、それを言葉にすることはできません。

では、たとえば私が道を歩いていて、一つの石ころが転がっていたとします。私たちにはどうでもいい、その石の存在さえ、無限は認識しているということですか？

それは当然のことではないでしょうか。あなたがたの宇宙は、あなたがたにとっては、どうでもいいものからできていませんか？　土や石がなければ、大地はないし、山もありません。宇宙には「どうでもいい」ものなど存在しません。すべてのものは、何らかの「役立ち」を持ち、その存在の意味を持っているのです。あなたが無視する道に転がる石さえ、無限は「ここにある」ことを認識しているのです。この「認識」は、あなたがたが持っている認識とは違う状態のあり方です。「真の認識」を言葉で説明することは不可能です。無限の全知は、すべてを「今ここに」あるものとして認識しています。

でも、その全知性は、物理の法則に反しているように見えますが……。この宇宙では、すべての情報と物質は、光の速さ以上の速さで伝わることはないからです。宇宙の端から端まで（端があったとしての話ですが）、情報をくまなく同時に把握することなど不可能ではないでしょうか？

たしかに宇宙に存在するものには、不可能です。でも、それが可能であるためには、無限の存在は、たしかに空間と時間を超越しているとは思いませんか？　時間と空間で構成されている宇宙は、あなたがたの理性や合理的思考が有効な領域です。しかし、「無限」は理性や合理的思考を超越しています。すなわち時間と空間を超越しているのです。

では、無限の全知の存在の働きはどのように宇宙に現れるのでしょうか？　というのは私たちでさえ、何かを知っているだけでは何の意味もないからです。知っていることを何かに活用し、働かせることによって、私たちの知識は意味を持つようになるからです。

この宇宙にある無限に多様なものは、きわめて調和的で美しい法則に支配されています。しかしあなたがたに発見されていない未知の法則が無数にあります。これらの法則の起源は、無限そのものの存在を認めなければ説明することがきわめて難しいのです。というよりは、結局、無限の存在を認めることが、いちばん単純で合理的な説明なのです。

ほとんどの科学者は、自然法則で説明できない現象や、宇宙そのものの存在や、自然法則そのものがなぜ存在するのかといった、根本的で説明の難しい問題を、「偶然」の結果とする傾向があります。でも、偶然そのものが、無限そのものの働きの反映であることに気づきません。あなたがたにできることは、無限の働きの表れを、よくて「偶然」と名付けることくらいです。全知である無限の存在は、すべての偶然の背後で働いています。こうして無限の存在は、「全能」でもあることが推測されるでしょう。なぜなら無限の存在に不可能なことが一つでもあれば、無限の存在はあらゆることに同一ではなくなるからです。しかし注意しなくてはならないのは、全能性は法則に従って働いているということです。このことに気づかないと、全能性に対するさまざまな誤解が生じてきます。そして全知と同様、全能も、ほんとうは理性にとっては把握不可能な性質です。

全能という言葉も知っています。やはり無限の存在という仮定からこんなにあっさり導かれるのですか……。いやー、驚いたなぁ、参りました。
それでは、全知であり、全能である無限の存在は、いったいどこに存在するのでしょうか?

「今、ここに」存在する無限

先にお話ししたように、無限の存在が空間と時間を超越しているならば、宇宙空間のどこかではないことは、たしかだと思いませんか？　宇宙空間内では、物理の法則に支配されるからです。というより、あなたがたに知られている、さまざまな法則自体は、実は無限の存在の全能性の表れの一つです。そうであれば、無限の存在は宇宙にくまなく、自らを表しているとも言えるのではないですか？　したがって無限の存在は、宇宙の「空間」をいわば離れて、宇宙のあらゆるところに存在しなくてはならないことになるのです。

空間を離れて、あらゆる空間に存在する？　これはパラドクスに見えます。

この問題は、宇宙創造のストーリーを知らないと、ほんとうの理解が難しいのです。ストーリーといっても、科学が発見しつつある宇宙創造論とは違います。そのストーリーについては、あとでお話ししましょう。そこで、このパラドクスの謎は氷解するでしょう。

それを楽しみにしています。では、宇宙のもう一つの要素、「時間」と無限の存在の関係についてはどうでしょうか？

時間と空間は二つの別のものですが、一体であることはアインシュタインが発見したことですね。科学者は、一体となった空間と時間を、「時空」という言葉で表現しています。

それゆえに、空間を離れてあらゆる空間に存在する無限の存在は、必然的に宇宙的な時間をいわば離れて、あらゆる時間のなかに存在することになるのです。

つまり無限の存在は、「時空」を離れて、あらゆる「時空」に存在しています。宇宙の外に存在するとも言えるし、内に存在するとも言えます。ここから無限の存在の新たな特質、無限の存在は宇宙にあまねく「遍在」していることが必然的に導かれます。

待ってください！　アインシュタインが発見した時間と空間の一体性の概念、「時空」を、このように応用するとは思ってもいませんでした。

私はあなたの思考にあるもので、無限を説明することに役立つものを拾っただけです。しかし、私たちのいる世界では、時間のみ、空間のみという概念は、何の意味も持っていません。あなたがたから見れば、私たちのいる世界は、実際に時間と空間が一体となっています。でも、これはそのように見えるという「外観」です。私たちのいる世界には、計ることのできるような時間も空間もありません。このことについては、あとで明らかにしていきましょう。

では、無限の存在が時空を離れ、あらゆる時空に存在する、つまり遍在しているならば、無限の存在は私たちのなかに、また私たちの外に存在しているとも言えるわけですね？

あなたがたは無限の存在ではありませんが、無限の存在はあなたがたの内と外にくまなく満ちています。このことがあなたがたが無限に対して何らかの感性を持っている理由です。でも無限があなたがたの内と外に満ちていることに、ふだん気づくことはありません。なぜならあなたがたは自我という固く重い鎧《よろい》を着ていて、それが真の自分であると思い込んでいるからです。無限の存在に気づくためには、鎧をはずさなければなりません。そのとき無限の存在は常にあなたとともにあることに気づくでしょう。

残念ながら、私はまだ自我から解放されていません。ですからもう少し私の自我から出てくる質問をさせてください。

さきほどあなたは、私たちが宇宙で目にする「偶然」は、無限の全能性の働きの表れであると言いました。それでは、無限の存在の全知性と全能性は別々に働くのですか？

いいえ。これらは、その性質、機能では別のものですが、一体のものとしてその働きが表れます。ちょうど人間の思考と行動が別のものであっても、人間が生きて活動していくためには、それらが一体のものとして働くようなことに似ています。

全知と全能は一方なくしては他方は存在し得ないものです。ですから、「全知全能」という言い方が古来なされてきました。無限の存在は全知全能であり、全知全能の存在は無限です。

では、一体である全知全能性を見たり、それに触れたりすることができるのでしょうか?

無限そのものを見ることができないように、全知全能そのものも、見ることも触れることもできません。全知性はすべてを明るみにさらけ出す大いなる光のようなものです。それは何の影も生じさせず、あなたにも私にも直視できません。もし私たちがそこに入れば、私たち自身が消えてしまうような、漆黒の闇のようでもあるのです。闇に慣れた人間が、急に光にさらされると、何も見ることができないのと同じです。

全能性はすべてを燃やし尽くす炎のようなものです。あなたも私も、そこに近づくことはできません。もし近づけば太陽の炎に身をさらすようなことになります。これが、理性で全知全能、すなわち無限そのものを見たり、触れたりすることができない理由です。

全知全能性そのものを見たり、それに触れたりすることはできませんが、それがやわらいだものに接することはできます。ちょうど、地上において、太陽の光と炎がやわらいで、その下で生きていくことが可能なようなことに似ています。しかし、太陽の熱と光は、あなたがたの思考とは無縁であり、それは一体となって、あらゆるところに、あるがままに存在しています。これと同じように、全知全能性のやわらいだものは、あなたがたの思考とは無縁であり、それを超越し、あるがままに存在しているのです。それは「慈悲の英知」となって、あなたがたと私たちを抱擁しているのです。

無限の慈悲の英知はすでに顕れている

「慈悲の英知」とは「神」のことですね？

そうです。全知全能の無限の存在を、人間は古来、「神」とも呼んできました。

そうか！　「真の無限」とは「神」のことだったのか！　でも、あなたはなぜ、「無限は神である」と最初におっしゃらなかったのですか？

あなたの単刀直入な最初の疑問に対して、それこそ単刀直入に、「無限の存在」とは「神」

であると答えたら、あなたはそこで逃げ出したかもしれません。現代の人々は、神という言葉に先入観や警戒心を持っているからです。あなたがたは何かの組織的な宗教やカルトには、もうこりごりなのです。そこでは、安易に神という言葉が使われ氾濫しています。こうして現代では神は安っぽい存在になってしまったのです。それにあなたの考える神には、ほかの人と同じような先入観、偏見が含まれていました。そういう、いわば思考の「汚れ」を、先に落とす必要があったのです。今まで「真の無限」、すなわち「神」について語ってきたことのなかには、あなたがたが通常抱いているような人間的なイメージは一切ありませんでした。あなたがたが抱く神の人間的な側面には、かなりゆがんだ偏見、先入観が含まれていたからです。これが思考の「汚れ」です。これまでの話しでそういう汚れは落とされたはずです。

では私たちが持っている思考の汚れ、つまり先入観、偏見とはどんなものですか?

それは、神に対する逆立ちした、混乱した観念です。そうした先入観を持つようになった責任の大半は、組織的な宗教にあります。組織的な宗教は、神の名のもとに、人間が人間を支配する愚を繰り返してきました。これは非難しているのではありません。事実を述べているだけです。そこで、善良な一般の人々は、神や宗教を疑いの目で見るようになったのです。こうして無神論が広まっていきました。無神論を煎じ詰めると、次のような主張になります。

「神が人間を創造したのではなく、人間が神を創造した」「人間は神を発明した」といった人間至上主義の主張です。たしかにそういった面もあるのです。人間は自分の思考や行動を正当化したり、利己的な目的のために神を発明し、利用してきたことは歴史から明らかです。いずれにせよ、人間の思考の枠組みのなかでとらえることのできる「神」は、人間の発明です。それにして現在もさまざまな神を発明しています。これらの神は、利己的な目的にとって都合の良い存在か、卑小な自己の投影にすぎません。

でも、今までの宗教がたくさんの過ちを犯してきたのなら、宗教は私たちにとって何の意味があるのでしょうか?

真の宗教とは、組織に帰依《きえ》し、そこに依存することでもなく、だれかの思想を無批判、盲目的に受け入れることでもありません。宗教、すなわち英語でいう religion とは、ラテン語の re-ligio に由来しています。これは「もとどおりにつなぐ」、すなわち「再び結合する」という意味です。つまり、もともと神から出た私たちが、再び神と結合することを目的とするのが、本来の宗教の意味です。したがって宗教は、本来、組織とは何の関係もありません。神と個人が再び結びつくためには、個人の自由な選択と、理性的な納得があってはじめて可能となるのです。

では、あなたは組織的な宗教を否定するのですか？

いいえ、否定はしていません。ただ、宗教本来の目的を見失うと、組織的宗教は、あなたがたにとって、暴力的なものになり得ることを思い出してほしかったのです。

無限の存在の唯一性は宗教の違いを超越する

ところで、話が脇道にそれるようですが、無限の存在、つまり神は、昔から言われてきたように「唯一」の存在なのですか？

それは決して脇道ではありません。これまで、唯一性は、証明なしで認められる「公理」のように思われてきました。しかし、これは無限の存在という仮定から導かれる、論理的必然なのです。簡単に言うと、無限の存在が二つあったとすると、無限の存在という性質から、お互いがお互いを含むものであり、そういう関係の二つのものは、実は同一のものでなくてはならないからなのです。ここであなたの理性が納得するように話しましたが、神の唯一性も私たちにはまったく明白であり、リアリティそのものです。ですから神がどんな「名」で呼ばれようと、同一であり唯一なのです。

なるほど、神の唯一性は天下り的に与えられるドグマなんかではなかったのか！

するとと、多神教のように、多数の神々という存在は、無限の存在ではあり得ませんね？　多神教の神々は、唯一の神の無限性から出た、さまざまな神的な性質が神として祭り上げられた存在と言えないでしょうか？

あなたの主張の半分は真実かもしれませんね。無限の存在は時間と空間を超越し、遍在していますから、本来あなたがたはあらゆるところで神の存在を感じることができます。この感覚をあなたがたの限定された思考で説明しようとして多数の神々という概念が生まれたとしたら、それはそれほど不思議なことではありません。しかし私は現にある宗教のことは、とやかく言うつもりはありません。なぜなら、それが存在を許されている深い理由があるからです。

現在の世界には唯一の神を信じる宗教と、多数の神々を信じる宗教がありますが、いまだに宗教どうしは対立し、世界は憎悪と混乱から解放されていません。どうしてでしょうか？

問題は、一神教、多神教のどれを信じているか、どれを信じるべきか、どれが真理であるのかということにあるのではありません。そこに「真の愛」があるかどうかが、問われるべきことなのです。

思考は、幻想や迷妄に導きます。分離、怒り、恐怖、憎しみ、欲望はすべて思考から出ています。戦争に対立する平和でさえ、思考を超えられません。対立は分離を生むからです。思考を超えないかぎり対立は避けられません。

実は、あなたがたの世界が混乱から解放されていない真の原因は、何かを「信じて」いるからです。それは思考を超えられません。そういう思考を超えたとき「真実」が現れます。

驚きました！「信じている」ことが混乱の原因であるとは、それこそ信じられません！

しかし、あなたも知っているように、これまであなたがたは信じることによって、人を殺し、不幸を生み出してきたのではありませんか？　私はあなたがたが何かを信じることを否定しているのではありません。信じることを優先して、「愛」を忘れたら、その信念は無慈悲となることを指摘したいのです。あなたがたが何かを信じる、つまりそれが「真理」であると信じ、しかも「愛」をおろそかにしたならば、あなたがたは「自分が真理である」と錯覚します。それは、あなたがたの自己中心性と深く結びついています。そこから多くの悲惨が生まれます。

うーん、そうですね。私たちの日常レベルでも、「自分は正しい」と信じてしまうと、自分に反対する人に対して「お前は間違っている」と、言いがちですね。そしてぶつかりあいになります。それは私たちが、あなたの言う「真の愛」のなかにいないからでしょうか？

そのとおりです。「真の愛」がないのならば、あなたがたの信じていることは、死なねばなりません。それが死んだとき、「真実」すなわち、無限の愛と知恵が、無限の慈悲をもって現れます。

無限の愛と知恵、そして宇宙の創造

私たちの「信じていることが死なねばならない」とはショッキングです。それが死んだとき、「無限の愛と知恵」が現れるとおっしゃいましたが、それはどういう意味ですか？

これは、あなたがたにとって、未知の領域に属することです。その意味を明らかにしていく前に、科学が宇宙の創造についてどう見ているか調べてみましょう。

現在のところ、あなたがたの宇宙には、はじまりがあったことで科学者たちの意見は一致しています。また、宇宙は時間と空間のなかではじまったのではなく、時間と空間とともにはじまったということでも一致しています。宇宙のはじまりの前は、今のところ、科学にとっては無意味です。

科学は時間と空間の枠組みのなかで探求され、それがないところは科学の視界に入ってこないからです。したがって科学者は、宇宙創造のプロセス、そのはじまりと進化については探求することができますが、創造そのものについて、創造の原因について科学者に言えることは、創造は偶然にはじまったということだけです。

しかし、真の創造そのものは、時間と空間を超越しています。時間と空間を超越したものが働くとき、あなたがたの目には偶然に見えるのです。時間と空間を超越し、無限の光、無限の炎、全知全能である無限の存在は、また無限に躍動する生命そのものでもあるのです。

したがって無限の存在を認めるならば、宇宙は無限の存在の顕現、あるいは無限の存在による創造なのです。

全知全能の無限に躍動する生命とは何でしょうか？　それは無限の愛と知恵とどんな関係があるのですか？

人間が何かをつくるとき、その持てる愛と知恵を働かせませんか？　宇宙についても同様です。無限の存在は思考を超越していますから、人間の愛と知恵のレベルで宇宙の創造を推し量るのには難しい面もあります。しかし似ている面もあります。あなたがたも無限の愛と知恵によって創造された存在だからです。無限の愛と知恵がなくては、宇宙のあらゆるものは存在し得なかったのです。

無限の存在は全知全能です。無限の光とエネルギー、すなわち無限の愛と無限の知恵です。これが無限に躍動する生命です。そして、全能とはまさしく、無限の愛のことなのです。また、全知とはまさしく、無限の知恵なのです。したがって、全知全能という言葉から一般に想像されているような意味合い、暴君のように、権力者のように、その好むところに従って気ままにふるまう力、というイメージはまったくのナンセンスです。そういうイメージは、まったく、無限の愛と知恵に反するものです。

無限の愛と、無限の知恵は、全知全能のように一体です。無限の存在は、無限の愛から、無限の知恵を持って、すなわち無限に躍動する生命そのものによって、宇宙を創造したのです。でも、創造という言葉をあなたがたが考えている創造と同一視ないように。実際には、創造は無限と同様、その真の意味を把握することは、人間の理性と合理的思考にとっては不可能です。

「無限の生命による宇宙の創造」！　よく考えるとこれはすごいことです。圧倒されて、まるで気を失いそうです……。でも気を取り直してと……。では創造自体は、なぜ起きたのですか？

無限の愛と無限の知恵が存在するかぎり、創造は不可避です。生命は生命を生み出さざるを得ない、と言い換えてもよいでしょう。つまり創造は必然なのです。それが愛と知恵であるかぎり、何も創造しないでいることは、不可能なのです。

あなたの言うように、創造が不可避であるならば、私たち人間はその結果であることになります。でも、人間はほかの動物とは違って、自らを滅ぼすことが可能な種ですね。無限の愛と知恵によって不可避的に創造されたはずの人間に、なぜそのようなことが可能なのでしょう？

そこには、人間の「自由性」の問題がからんできます。本来、自由性は愛と知恵を実行する際に、無限の可能性を与えるものでした。しかし、歴史のなかのある時期から人間はその自由性をねじ曲げて使うようになりました。自らを滅ぼす自由とは、実際には自由ではありません。自らを滅ぼそうという意志の奴隷になることです。憎しみを持った人は、憎しみの奴隷であり、殺意を持った人は、殺意の奴隷です。それは形式的には、自由な行為のように見えますが、そのような憎悪、意志を避け、退け、そこから自由であることが、真の自由です。

それではまだ納得がいきません。創造には目的があったのでしょうか？　あるいは計画のようなものがあったのでしょうか？　世界が、無限の愛と知恵である存在から創造されたとするならば、かくも多くの悲惨、暴力、自己中心性が存在しているのはなぜでしょうか？

それら多くの疑問については、次章以降で探求していきましょう。

Ⅰ
天使との対話

Ⅱ
宇宙創造の目的

Ⅲ
自由意志

Ⅳ
「なる」から「ある」へ

Ⅴ
永遠の生命

Ⅵ
空なる器

Ⅶ
「仕える存在」の知恵

眠りから覚めると雨の音が聞こえた
私は雨の一滴になっていた
上を見上げると私は雲だった
そして風だった
大気圏の上層にのぼり
私は光となった
そして私は星に還った

創造主の存在

前章では、無限の存在があるとすれば、それは全知全能であり、無限の愛と知恵であり、その無限の愛と知恵から不可避的に宇宙が創造されたというところまでいきました。

しかし意外なことに、世界的に著名で多くの人々の尊敬を集めている精神的指導者のなかには、創造主の存在を否定する人もいます。その主張の根拠は、「もし、創造主がいて、人間を創造したのなら、人間が生み出した数々の悪も創造したことになる。そういう創造主は信じることができない」、「創造主である神が人間を創造したのなら、そこから暴虐の限りを尽くしてきた人間も生まれてきた。するとそういう創造主は怪物ではないか」といったことにあります。

ここで、「神は無限の愛と知恵であり、すべての悪は人間が作り出した」と抗弁しても、それではなぜ、無限の愛と知恵は、悪を生み出す人間を創造したのか、という疑問が残ります。

これについてどう答えられますか?

その疑問は創造のプロセスを知ることによって解決します。

神はなぜ宇宙を創造したのか。そこにはなぜ人間がいるのか。なぜ人間は悪を行なうのか。神はなぜ悪を行なう人間を罰しないのか。いや、それが行なわれる前に、その全知全能でなぜ悪を止めないのか。これらはすべて創造のプロセス、進化の理解に関わっています。

あなたが引き合いに出した精神的指導者たちの意見は、このプロセスを理解していないことからくる、思考の迷妄に陥った意見です。思考はあなたがたにとって小さな窓のような働きをしますから、窓を通して見えるもの以外を認めようとはしません。思考の働きの卑小さに気づいてください。真に偉大なもの、無限なるものは常に思考を超越しています。

またあなたがたは、自分の受けてきた教育、経験してきた記憶によって、思考の枠組みを形作ります。それが科学や技術、あるいはそのほかの実際的な知識ならば、生活していくうえでは必要なことです。でも、それ以外の面、特に愛の問題では、思考はあなたがたを限定してしまいます。こうしてあなたがたは大きな愛をもって対処すべきことを、小さな思考で解決しようとします。ここから思考の悪循環がはじまり、くよくよと悩むことになるのです。

思考は人のまわりを囲み、いわば「繭《まゆ》」を作り上げます。そしてそこから抜け出すことは容易ではありません。人は思考という繭のなかに閉じこもってしまいます。おおかたの人にとって、繭のなかは居心地がいいところです。そのなかで、思考が作り出す幻想や迷妄にふけることが楽しいからです。この繭から抜け出さないかぎり、真実は見えてきません。

たしかに愛や感情の問題でトラブルが発生しがちなのは、私たちが相手の内面の真実に気づかないからだと思います。気づかず、私たちの勝手な思い込み、思考にとらわれてしまうからだと思います。それがあなたの言う「繭」ですね。

では、そういう思考の迷妄から自由になるためには、どうしたらいいのでしょうか？

そのためにはまず、これまで語られることのなかった、創造の真実を探求してみることからはじめてみましょう。それは創造の全ストーリーではありませんが、あなたがた自身を新たな目で見ることに役立つでしょう。ここからはじめないと、精神的指導者たちの疑問に納得のゆくように答えることができないからです。

宇宙創造の別のストーリー

前にお話ししたように、無限の生命は宇宙を創造せざるを得ませんでした。それが無限の愛と知恵の本質だからです。宇宙物理学によると、現在のところ、宇宙は約一五〇億年前にはじまったとされています。いわゆるビッグバンです。その後すぐ宇宙は急激に膨張し、現在も膨張し続けています。しかしこれが宇宙創造のストーリーのすべてでしょうか？

学問の世界では、観察と理論によって宇宙創造のストーリーを構築します。そこには、愛と知恵の入り込む余地はありません。無限の愛と知恵は観察したり、測定したり、計量化したりすることが不可能だからです。しかし、無限の存在の、無限の愛と知恵という前提から、現在ある宇宙創造論とは別のストーリーを推測することができるはずです。この推測の正しさは、宇宙の物理的な謎に回答を与えるのではなく、宇宙創造の目的や、生命の意義、人生の意味といった、科学では答えられないことに回答が与えられれば、証明されたことになるでしょう。

無限の愛と知恵、すなわち無限の生命はどのように宇宙を創造したのか、ということですね。それが知りたかったことです。先に進んでください。

宇宙はどのように創造されたかを探求していく前に、まず、「次元」について考察してみましょう。次元は、宇宙を形作っている骨組みのようなものです。空間の三次元があり、時間の一次元があります。合計四次元ですね。

あなたがたの物理学はこの四次元を基本としていますが、最近の物理学では、宇宙は実際には、一〇次元あるいは一一次元としてはじまったとする理論の研究が盛んですね。その理論では、残りの六次元あるいは七次元は、宇宙創造後まもなく、超ミクロに巻き上げられて、観察できなくなっていると主張しています。しかし、高次元の世界があり得ることは科学も認めはじめています。

一方、数学の世界では、時間は扱いませんが、昔から次元を考えることに制限はなかったようです。たとえば、高次元を語るのに、「四次元の世界では、生卵から、殻を壊さずに中身を取り出すことが可能であろう」というような不思議な話が作られたこともあります。これは、次の話からの類推でしょう。

平面（二次元）しか知らない世界では、円の中にある点は、円周のどこかに切れ目でもないかぎり、円の外に出ることはできません。でも、三次元の世界の住人ならば、円周に囲まれた点をひょいと持ち上げて、円の外に出すことができます。それは二次元の平面世界の住人には不可思議なことに見えるはずです。この話を三次元の卵に応用し、数学的な四次元の世界から見れば、三次元の世界では不可能なことが可能だ、というわけですね。数学では、想像上の高次元の世界はいくらでもつくることができます。しかし、現実の物質宇宙の謎を解き明かそうという最近の物理学でも、高次元を考えざるを得ないところまできています。

前に、無限の存在が、空間を離れてあらゆる空間に存在し、時間を離れてどの時間にも存在するというお話しをしました。これはあなたがたにはパラドクスに見えることでしょう。でも、高次元の別の宇宙の存在を仮定すれば、このパラドクスは解決します。

高次元の世界がそれより低次元の宇宙と接し、しかもそれを超越しているのであれば、今話したたとえのように、低次元から高次元の世界を観察できないのは当然です。反対に、高次元から低次元の世界を観察することが可能であることは、やはり今話したたとえから、類推することができるでしょう。そうであれば、無限の存在が、高次元の世界に存在しているならば、低次元の世界のどこにも存在し得るのは当然ではないでしょうか。

なるほど。高次元の世界から見れば、低次元の世界の出来事はまったく明瞭で、それらをすべて把握できるわけですね。そして無限の存在は空間と時間を離れて、あらゆる空間と時間に存在することも、高次元の世界の存在を認めれば了解できます。

次元のことはわかりました。高次元の世界があり得ることもわかりました。それでは、この次元と、宇宙創造の関係はどうなのでしょう？　宇宙はどのように創造されたのでしょうか？

これまでに述べてきたことを踏まえて説明しましょう。

まず、高次元の宇宙が創造されました。それはあなたがたの肉体の目では決して観察できない世界です。この世界をあなたがたの言葉で正確に表現することは不可能です。たとえば、あなたがたは、肉体の目では見えない、死後の世界のことを「霊界」と呼んでいます。しかし、この言葉には、あなたがたの思考が作り出した幻想や、妄想、迷妄がつきまとっています。そこからいろいろ恐ろしげな憶測も生まれています。そういう妄想や憶測のことを、迷信と言うのではないですか？

私の言う高次元の世界は、そういう迷信とは無関係の世界です。私たちの世界は、あなたがたの想像を絶する、広大なもう一つの「宇宙」とも言うべき世界です。あなたがたの住む宇宙は、十分に広大ですが、私たちのいる「宇宙」は事実上、無限です。ですから私は、無限そのものを見ることはできませんが、無限そのものが顕現する姿を見ることができます。

このような宇宙のことを、あなたがたの言葉で、「内なる宇宙」と呼んでおきましょう。「内なる」とは、あなたがたの宇宙のあらゆる存在、現象の「背後」という意味に近いでしょう。この存在や現象には、もちろん、あなたがた自身も含まれています。したがって、「内なる宇宙」は、あなたがたの「内に」接して、存在しています。

「内なる宇宙」が私たちに「接して存在している」ならば、私たちにもその存在を見ることができるはずではありませんか？

でも、あなたがたは肉体の目に見える低次元の宇宙、すなわち物質宇宙にこだわり続けています。内なる宇宙は高次元の世界です。それは、肉体の目では決して見ることのできない世界です。しかし、その存在に「気づく」ことはできます。これは「無限」に対する気づきと同じことです。

あなたがたが「内なる世界」にふだん気づくことのない深い理由がほかにもありますが、今はここまでにしておきましょう。しかし、あなたがたのなかにも「内なる世界」に気づいている人はたくさんいることは知っておいてください。

わかりました。ふだん私たちがその世界に気づかないのは、多分、私たちの先入観や偏見に満ちた思考が邪魔をしているのだと思います。

では、「内なる宇宙」と、私たちの宇宙の違いはどこにあるのですか？　また、私たちが肉体の目で見ることのできる宇宙はどのように創造されたのですか？


高次元の「内なる宇宙」から、次元の低い「外なる宇宙」が創造されました。これがあなたがたの身体がおかれている世界、肉体の目で見える宇宙です。そしてもちろん、あなたがたが観察できる外なる宇宙は、現在のところ空間的には三次元、時間的には一次元です。

しかし、内なる宇宙については、空間・時間を定義することはできません。つまり、普通の意味での、空間・時間は意味をなさないのです。したがって内なる宇宙の次元については、高次元といっても、外なる宇宙の空間的・時間的な意味を持つものではありません。

内なる宇宙には、外なる宇宙で見るように、固定された空間・時間はなく、流動的であり、あなたがたから見れば、まったく不可解なものも存在している世界です。

たとえば、平面（二次元）しか知らない世界では、球体はまったく不可解なものになりませんか？


えっ？　平面と球体？　いったい何のことですか？

これも、内なる宇宙と外なる宇宙の違いをイメージしやすくするためのたとえです。

球体が平面世界を通り過ぎるときは、まず、平面のどこかに一つの点が現れ、それが円周へと広がり、直径最大の円周（球体の直径）まで広がったあとは、縮んでいく円周が現れ、最後にまた、一つの点が現れ、そして消えます。平面の世界では、二つの点と、連続して大きさを変えて現れる円周が観察できるだけです。ですから、平面世界では、球体という認識は生まれません。平面の世界から見れば、球体はまったく不可解な存在で、把握のしようがないからです。このように、内なる宇宙には、外なる宇宙から見れば、想像を絶する存在や現象があります。

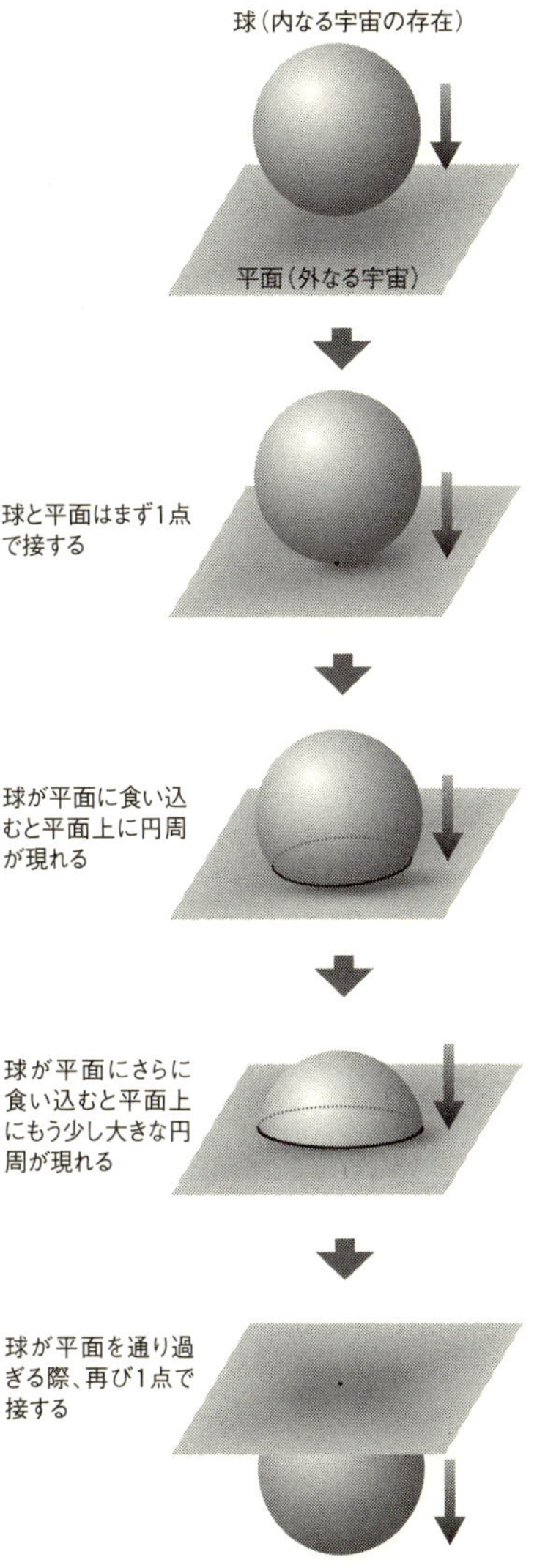
球（内なる宇宙の存在）
平面（外なる宇宙）
球と平面はまず1点で接する
球が平面に食い込むと平面上に円周が現れる
球が平面にさらに食い込むと平面上にもう少し大きな円周が現れる
球が平面を通り過ぎる際、再び1点で接する

なるほど。球体と平面のたとえは、高次元の内なる宇宙にあるものが、低次元の外なる宇宙に接していても、私たちが低次元にとどまっているかぎり、その存在に気づくことはないという意味ですね。

では、内なる宇宙が私たちの内に接して存在しているのならば、その接し方は、具体的にはどのようなものなのですか？　つまり、内なる宇宙と、外なる宇宙はどんな関係にあるのですか？

内なる宇宙は、外なる宇宙にくまなく、いわば「浸透」しています。これは、無限の存在が空間を離れてあらゆる空間に存在し、時間を離れてどの時間にも存在する、ということからの必然的な帰結です。

たとえて言うと、一粒のブドウには、皮があり、皮にくるまれた果肉があります。このブドウの果肉の部分が、内なる宇宙であり、皮の部分が外なる宇宙です。しかも、果肉の部分は、皮の部分よりも高次元です。皮は、いわば二次元であり、果肉は三次元、あるいは皮の部分から想像もできないものが存在する、高次元の世界です。しかし、果肉は皮のすみずみにまで浸透していると言えます。果肉は皮にみずみずしさを与え、逆に皮は果肉を支え、保護しています。このように内なる宇宙と、外なる宇宙は、お互いに、一方が他方なしでは存在し得ない関係にあります。

このブドウの例だけでなく、あらゆる創造物には、形（皮）があり、内容（果肉）があります。人間や動物、植物には、形があり、その内容があって、完全なものとなります。宇宙についても例外ではありません。外なる宇宙という形があり、内なる宇宙という内容があるのです。これは結果（形）と原因（内容）と言い換えてもよいでしょう。外なる宇宙は、結果の世界であり、内なる宇宙は、原因の世界なのです。

あらゆるものに原因（内容）と結果（形）があるならば、宇宙そのものも例外ではないということですね。内なる宇宙（原因）があり、外なる宇宙（結果）があるわけですね。

それでは、宇宙創造の順序としては、まず原因である内なる宇宙、次に結果である外なる宇宙が創造されたのですか？

そう思うのも無理はありません。また、私の説明もそのように聞こえたかもしれません。しかし、宇宙創造の原因・結果に関しては、時間的な意味はありません。原因・結果という言葉のイメージがもたらす「外観」です。もともと原因と結果、内容と形は、分離不可能な一つのものです。したがって、内なる宇宙と、外なる宇宙は同時に創造されたのです。

宇宙創造の目的

原因である内なる宇宙と、結果である外なる宇宙が創造されたというのが真実であれば、宇宙創造の目的とは何でしょうか？

その前に、私からあなたに質問します。人間を創造活動に駆り立てるものは何ですか？　あなたなりの考えを聞かせてください。

いろいろ考えられますが、人間を取り囲む宇宙の出来事に、驚いたり、感動したり、不思議を感じたりすることができるのは人間だけですね。驚嘆し、感動し、不思議に思うことは、ひとつの能力だと思います。この能力が人間を創造活動に駆り立ててきたのではないでしょうか。そして人間のみが自分自身にこの能力を向けることができるのです。

自分とはいったい何なのか、何のために生まれてきたのか、感動したり、驚嘆したりできるのはなぜなのか。ヒマラヤ山脈の麓に立ち、その荘厳な壮大さに畏怖を覚えます。星降る夜空の下で、宇宙の果てに思いをはせ、その壮麗な輝きに感動します。太古に思いを向け、巨大な恐竜の化石の数々に驚嘆したりもします。

このすべての創造物は、人間に驚異をもって迫ってきます。そして人間は、功利的な目的なしに、創造そのこと自体を目的として、創造活動を行なう唯一の生物だと思います。

そして、宇宙創造の目的とは何か、自分はなぜここにいるのか、人生の意味とは何かと問うのです。


いろいろなことに驚異を感じ、不思議に思う感覚を大切にしてください。その心があなたを創造活動に駆り立てるからです。宇宙創造の目的について語りましょう。

それは広義には、創造そのこと自体が目的でした。これは、宇宙に見られる無限に多種多様な創造物に反映されています。無限の存在の創造活動は、人間の創造活動を遙かに超え、不可思議で、想像を絶するレベルにあります。それゆえ、今後も人間はその創造物を、地球やほかの惑星に、遠い天体のなかに新たに発見し、発見し尽くすことはないでしょう。

創造物のなかで、人間は最後に宇宙に現れた存在です。「最後」の別の意味は、「究極」とか、「目的」ということです。英語で言うと、「end」です。これは最後、究極、目的というような意味ですね。

したがって宇宙創造の目的は、狭義には、無限の存在を知ることのできる存在の創造です。つまり、人間の創造です。あなたが先に語ったように、宇宙のさまざまな現象を見て驚異を覚えたり、感動したり、不思議を感じたりする原因はここにあります。

無限の愛と無限の知恵である無限の存在は、その愛と知恵を注ぎ込む対象を必然的に創造せざるを得ません。そうでなければ、愛と知恵とは何の意味もないからです。

その対象、あるいは「器《うつわ》」として、物質や星々がふさわしいでしょうか？　あるいは微生物や、植物、動物がふさわしいでしょうか？　これらはすべて無限の存在の愛と知恵を、ある程度受けるにふさわしい存在です。でも、その愛と知恵のすべてを受ける器にはなり得ません。「すべて」を受ける器としては、無限と同格の存在が考えられます。しかし、無限の存在からは、無限のものを生み出すことはできません。無限の存在は、唯一であり、それ自身で完結しているからです。したがって無限の存在から創造されるものは、すべて有限です。

それでも、無限ではなくても、無限の可能性を持った有限な存在を創造することはできます。それが、無限の存在がその愛と知恵を注ぎ込む対象、器、人間です。

驚きました！　私には宇宙創造の目的が人間であることなど、とても信じられそうにもありません。それに、それは「人間至上主義」へと導くのではありませんか？

あなたの信じられないという、その思考そのものが人間至上主義の表れです。人類のような存在は、宇宙で唯一であると考えてはいませんか？　それが傲慢さを秘めた人間至上主義へと導くのです。でも、外なる宇宙で無限の愛と知恵を受ける器は、あなたがた人類だけではありませんᄋ宇宙にはあなたがたと同じように、無限の愛と知恵を受ける器が、それこそ無数に、いたるところに存在しています。あなたがたは、その存在をまだ知らないだけです。それに再三言いましたように、宇宙は無限の愛と知恵から創造され、愛と知恵はそれを注ぐ対象がなければ、何の意味も持ちません。ですから、そのような愛と知恵の対象が、あなたがたの地球に限定されるのは、まったく創造の目的に反しています。

偉大なる創造の現実は、常にあなたがたの思考を超越しているのです。

そうか、やっぱり、いるんですね！　わくわくするお話しです。科学者も、人類と似たような存在が地球以外にもいるのではないかと、真剣に考えはじめて研究しています。科学者は、そういう存在を「地球外知的生命体」と呼んでいます。この広大な宇宙が、私たち人類だけを存在させるためにあるなんて、よく考えてみれば信じがたいことです。科学的に見て、私たちの存在は偶然ではなく、ある意味で必然だったことは科学者も認めはじめています。必然であれば地球以外のどこかに知的生命が存在していても不思議ではないですね。しかし創造に関しては、科学者が愛と知恵を口にすることはないと思います。

あなたが言うように、宇宙が無限の愛と知恵から創造されたのなら、愛と知恵の対象がなくては、その愛と知恵には、何の意味もないことになりますね。私たちの愛も、その対象がなければ、何の意味も持たないことと、同じだと思います。

では、私たちの抱く愛と知恵も無限の存在からきているのですか?

そうです。愛と知恵は相互的なものです。この器は、無限の存在から与えられた、無限の可能性を持つ有限な愛と知恵を、逆に無限の存在に向けます。しかし、有限であるから、多数が寄り添って無限そのものに向かいます。これが人間どうしの相互愛です。そして、人類が一つになることが無限の存在の創造の目的でもあるのです。しかし、内なる宇宙の目で見れば、人類はすでに一体です。

人類がすでに一体であるとは、これも驚きです! とうてい信じがたい。一体とは、どのような意味なのですか?

自分は一人で、ユニークであると思っているあなたがたには、信じがたいかもしれません。それを納得することは思考では難しいのです。たとえで説明しましょう。

平面と球の比喩《ひゆ》を思い出してください。ここで、平面は外なる宇宙です。球体は高次元の内なる宇宙に存在しています。球体が平面と接すると、まず一点が平面上に現れます。これはあなた個人です。さらに、球体が平面に切り取られるように食い込んでいくと、まず小さな円周が平面上に現れます。これは家族や親族にたとえられます。球体がもう少し食い込むと、もっと大きな円周が平面に現れます。これは地域社会や、多数の人々が所属している組織にたとえられます。そしてさらに大きな円周が現れます。これは国にたとえられるでしょう。そしてこれらの点や円周は、平面上では分離して見えます。つまり、平面世界の住人であるあなたから見れば、各個人や家族や地域社会、国は分離しているように見えるのです。この分離したように見える「外観」がもたらす結果は不和であり、争いであり、最悪の場合、戦争です。

しかし平面より高次元に存在している球体自体には、そのような分離はありません。球体そのものは無数の点からできています。球体を人類全体にたとえるならば、どの一点も球体そのものと一体です。しかし、球体を構成する点どうしには、「近い」、「遠い」の関係はあります。それは球体のイメージから明らかでしょう。しかし、そういう関係が点どうしのあいだにあっても、球体を構成する各点は分離せず一体です。

このたとえで示したように、内なる宇宙から見れば、人類はすでに一体なのです。それが平面という外なる宇宙の目で見ると、分離しているように見えるのです。

なるほど！　一体であるとはそういうことなのですか。いままで多くの人が、人類の一体性を訴えてきました。でも「お題目」だけに終始していただけのような気がします。このように具体的なイメージを与えられると、その意味がはっきりわかるような気がしてきました。

しかし、人類がすでに一体であるならば、それは私たち一人ひとりにとって、どんな意味を持っているのでしょうか？

そこです！　内なる宇宙の目から見れば人類がすでに一体であることは、たとえば人を傷つけることは、自分を傷つけることであり、逆に自分を傷つけることは、人を傷つけることを意味します。だから人類が一体になるということは、すでに一体であることに気づくことなのです。あなたが人に憎しみを持っているなら、すぐにそれを手放さなければなりません。その憎しみは結局自分に還ってきます。また、自暴自棄になって、自分を傷つけるような思いは手放さなければなりません。それは結局、自分以外のだれかを傷つけることになるからです。

そうであれば、個人としてのあなたが、一切の恐怖、暴力、欲望、迷妄を手放し、変わること、すなわち変容すれば、世界は以前とは決して同じではなくなります。一人の変容が世界を変えるのです。大げさではなく、実に、あなたがた一人ひとりは世界であり、世界はあなたたなのです。今述べたたとえでいうと、球体全体の変容が最初にあるのではなく、まず球体を構成している一点であるあなたが変容して、球体全体、すなわち世界が変容するのです。そのためには、まずあなたが今の自分自身と向き合い、直視し、その姿をありのままに見つめなければなりません。


それは思ってもみなかったことです。真剣に生き方を考えるときがきているようですね。この問題はまたあとで探求したいですね。

さきほどあなたは、人類のような存在は地球だけでなく、宇宙のいろいろなところに存在していると言いました。いったいどこに、どのくらい存在しているのですか？

「どこに？」という問題については、私は教えることはできません。というのは、それについてはあなたがたが知らないからです。私はあなたがたの知識にあること以外、外なる宇宙についての情報を提供することは許されていません。それを探求することは、あなたがた自身の仕事だからです。

　私は、あなたの知識や思考の範囲内で語ることは許されていますが、私が内なる宇宙で見たこと、知り得たことを、あなたがたのだれかに語ることは許されていません。だからこれまで語ってきたことは、あなた自身の知識で、あなたの合理的な思考で推測できたことばかりです。私はあなたがそれに気づくお手伝いをしているだけです。これから語ることも同じです。

　あなたは「どのくらい？」と言いました。多数の人類といっても、まだ無限ではないことはわかりますね。あなたがたはこの地球上にこれまで存在してきた人類の数を推計して、数百億人くらいと見積もっているようですね。これは無限ではありません。無限の存在が、その愛と知恵を惜しみなく人類という器に注ぎ込むとするならば、これでも無限の存在にとっては物足りないのではありませんか？　ここから人類はその数においても、無限に増えていくことが創造の目的であることが推測されませんか？　しかし地球は有限であり、人類は無限に増加できないことは明らかです。だとすれば、宇宙のほかの惑星上に、無限の存在の愛と知恵を受ける存在がいても、創造の目的から見て不思議ではないのではないでしょうか？

しかし、宇宙の多数のそういう存在をすべて集めたとしても、無限の存在そのものには遠く及ばないでしょう。ですから、いつか創造が終わり、完結してしまうことはありません。

創造のサイクル

今までのお話は、私にとって、どれも新鮮な驚きです。これらは、これまで聞いたこともない創造のストーリーです。

そのストーリーは、これでおしまいではありません。

それについては、科学者がたどりついた宇宙創造のストーリーにもとづいて、私自身で探求してみたいと思います。あなたが私の思考を調べ、そこからいろいろな結論を導く手助けをしているとするならば、あなたにお手伝いばかりしてもらっているのは心苦しいですから……。

それは、いいことです。宇宙の秘密に関する問題だけでなく、人生の問題も、結局、あなたがた自身が自分で納得した回答を得ないかぎり、あなたがたはほんとうに生きているとは言えません。何もかも他人任せでは、そこにあなたの自由意志がないことになりますね。それと同じです。人類が自由意志で無限の創造的エネルギーに触れることは、創造の目的でもあるのです。では、聞かせてください。

これまでの科学的成果を踏まえて、まず創造のサイクルについて考えてみます。この宇宙に存在するものは、すべて誕生し、成長し、死を迎えます。これは創造物のサイクルです。創造の新陳代謝とも言えるでしょう。この新陳代謝によって、創造は、絶えることのない、不断の創造となります。

現在、私たちが目にする物はどのように創造されたのか、ここで要約してみます。まず、水素やヘリウムといった、軽い元素からできている星が生まれました。誕生、成長、死というサイクルは、星にも例外なく存在しています。私たちの太陽よりずっと重い星の多くは、その一生を終える際、派手な大爆発を起こします。そのときの超高圧、超高熱によって、水素やヘリウムよりも重い元素ができます。それらの元素は星の爆発によって、宇宙にばらまかれ、さらにそれらの元素は、爆発の衝撃波《ショックウェーブ》によって、ほかの宇宙の塵とともに高密度に圧縮されたガスとなります。またこのガスは、重力の作用によりさらに大きく成長していきます。ここからまた、重い元素を含んだ別の星の誕生のプロセスがはじまります。そしてこの星もいつか一生を終え、新たにさらに重い元素を生み出します。

このような星の誕生と死によって、宇宙には重い元素が次々と創造されていきました。

そして、新たな星の誕生とともに、その周りを回る惑星系も形成されるようになりました。この惑星は、いろいろな元素を含んでいますが、それらはもともと、輝く星の一生のサイクルから生まれた物質です。

たとえば、私たちの体を構成する炭素や、骨のカルシウムなどは、すべて星の誕生と死がなければできなかった物質です。もちろん、生物、無生物を問わず、この地球のありとあらゆる物質は、金であれ、ダイアモンドであれ、もとをただせば、星から生まれたのです。いわば、私たちは星から生まれた、星の子なのです。

なるほど！　あなたがたは「星の子」ですか！　なかなかロマンチックな響きを持つ言葉ですね。そのストーリーからあなたが感じることは何ですか？

私たちの肉体を構成する物質の起源が星々にあるならば、星々の起源は最初に形成された星々に、そしてその起源をずっとさかのぼっていくと、結局、宇宙創生のビッグバンまでたどりつきます。そこは超高エネルギーの「光」に満ちた状態だったと言われています。すると私たちの起源はその「光」であったとも言えるのではないか。私たちだけでなく、宇宙に存在するありとあらゆるものが原初の「光」を起源とするならば、私たちと宇宙はつながっている、星々だけでなく、この地上に存在するもの、木や草、動物、水、大気ともつながっている、結局私たちはもともと宇宙と一つではないかということです。そして私たちの肉体を構成する物質が一五〇億年にわたる宇宙の歴史を背負っているならば、私たちは気の遠くなるような過去ともつながっているのではないか。また私たちが死ねば、肉体は土に帰り、そして宇宙の物質に帰り、いつかその物質は新しく光り輝く星の材料になる可能性があります。こうして私たちは気の遠くなるような未来ともつながっているのではないかと思うのです。

やはり私は人間の存在の不思議さに心を打たれます。そして、ほんの一瞬ですが、この宇宙には私たちが恐れるものなど何もないのではないかと感じます。私たちは「光」から来て、「光」に帰るからです。この広大無辺な宇宙の営みを考えると、私たちの悩みや自我はとても小さいものに見えてきます。

その思索はあなたを「気づき」に導きます。物質やエネルギーを探求する科学は、注意深く見つめるならば、「魂」に気づかせてくれることもあります。本来「魂」と「科学」は矛盾し、対立するものではありません。存在の領域、存在のあり方が違うだけなのです。そこに気づけば、科学はあなたがたにとって「魂」へのガイドともなり得るものです。

それでは、生命はどのように進化したのですか？

生命の歴史をざっと見てみます。地球生命には、約四〇億年の歴史があると言います。その歴史のなかで、生命が根絶やしにされるような大量絶滅を何回か繰り返し、現在に至っています。しかし、不思議なことに、大量絶滅のあとには、それ以前にもまして、多種多様な生命が花開いていると言われています。生物界を構成する種にも、誕生、成長、死というサイクルが厳然として存在しています。このサイクルを繰り返すことによって、新しく、より複雑な生命が形成されてきたのです。

このサイクルは星の一生のサイクルに似ています。星の誕生と死によって、それまでに存在していなかった元素が形成され、ついには生命を構成できるような物質を生み出すまでになったからです。

生命それ自体も、誕生と死によって、それまでには存在しなかった、より複雑な生命体へと進化するようになりました。その創造のフロンティアにいるのが、人類であり、人類と共生している多種多様な生命です。でも、いまだに科学が解明できていない謎があります。そもそも最初の生命はどのように創造されたのか、ということです。

「どのように？」という疑問については、多くの科学者がその謎に迫ろうとしています。しかし、たとえそのプロセスが明らかになったとしても、科学は「生命とは何か？」という疑問には、ほんとうの意味では答えることができないでしょう。生命は無限の愛と知恵により創造されたからです。したがって生命とは「愛」なのです。さらに、人間は生命そのものではなく、生命の「器」です。すなわち愛そのものではなく、「愛の器」なのです。ですから科学が物質的に生命をいくら探求しても、その本質を見つけることはできないでしょう。「愛」も思考を超越したところにあるからです。そしてその逆も言えます。すなわち愛とは生命なのです。したがって「生命」も思考を超越しています。

わあー、ほんとに驚きました！　でも、たしかに生命が愛でなければ、たとえば私たちが生きていることに何の意味があるのか、という感じがします。それにしても、宇宙の誕生から生命の発生を経て、人類の誕生まで、なぜかくも膨大な時間を必要としたのでしょうか？　あなたの言うように、無限の存在による宇宙創造の目的が人類であるならば、このような宇宙の進化とか、生命の進化というまわりくどい道をとらずに、無限の存在はその全知全能で、なぜすべてを一瞬に創造しなかったのでしょうか？

それについては私が探求しましょう。あなたはまだ思考の狭苦しさに気づいていません。無限の存在の全知全能についても、小さな思考でとらえようとすると、そういう疑問が湧くことは当然です。

その疑問は、全知全能に対するあなたがたの誤解から生まれてきます。全知全能性は人間が想像するように、その好むところを、むやみやたらに行ない、気ままに働かせるようなものではありません。もしそうであるならば、全知全能性は「無秩序」を言い換えた言葉にすぎなくなってしまいます。全知全能性は「秩序」を持って働きます。秩序は、時間と空間を含んだ自然法則の働きとして、あなたがたの目には見えます。あなたがたの存在は一五〇億年にわたる秩序、つまり全知全能の壮大で荘厳な働きの結果なのです。これが進化です。そして進化がなければ、宇宙のあらゆるもの、宇宙そのものも「無」から創造されたことになります。なぜなら無からの創造は進化を必要としないからです。あなたがたも知っているように無からは何も創造されません。物理学の基本的な法則に反するからです。宇宙は一五〇億年にわたる無限の愛、すなわち無限の生命の創造的なエネルギーの驚くべき躍動の結果であり、それは現在も続いているのです。しかし、無限の存在にとっては、この膨大な時間も一瞬であり、永遠の現在です。

さらに宇宙は、宇宙の創造や生命の進化について、あなたがた自身がそれを合理的に説明できるように、創造されたと言ってもよいでしょう。そのためには、外なる宇宙の特徴となるように、時間と空間も同時に創造されたのです。
あなたがたが理性と合理的思考で、宇宙を探求することに対して、無限の存在は何の妨げも制限もしません。それはあなたがたの創造活動の一環であり、そこにあなたがたの生命があるからです。さらにそれは宇宙創造の目的でもあります。こうして外なる宇宙は、全知全能が時間と空間のなかで働くように創造されました。そしてあなたがたは、そのことに気づくことができるように創造されています。

人類は、内なる宇宙と外なる宇宙の架け橋

私たちが一五〇億年にわたる全知全能の働きの結果であるとは！　では、世界各地にある創造神話とは何なのでしょうか？　たいていの場合、科学的事実とは相容れないものだと思うのですが……。

創造神話には何らかの真実が含まれています。しかし、それを文字通りに解釈することは間違いです。それは真実の「たとえ」であり、「象徴」です。人間がどのように創造されたかは、またあとで探求しましょう。

わかりました。では、今私が要約したような創造のサイクルに関連した質問をします。現在地球上で繁栄している人類とほかの生物は、いつかそのサイクルを終え、終焉《しゅうえん》を迎えるのでしょうか？

あらゆるものが、誕生、成長、死というサイクルを免れないものならば、あなたがたも例外ではありません。過去の大量絶滅と、その後の経緯から考えると、現在の種が滅亡しても、新たな、より複雑な生命種が生まれる可能性はあります。

現在の人類が生き残らなかったとしても、あなたがたが時々考えているように、超人類として、人類の遺産を受け継ぐ種が生まれるかもしれません。しかし、そんな話はSFにすぎません。人類の本質について知らないことから生まれる幻想にすぎません。またそれは、創造の目的に反しています。仮にそういう可能性があるにしても、人類は特異な存在なのです。

人類は二つの生を同時に生きている存在だからです。あなたがたは「外なる宇宙」の存在として、同時に「内なる宇宙」の存在としての生を送っているのです。

それはどういうことなのですか？　もし、それが真実であれば、なぜそういう存在なのですか？

外なる宇宙と内なる宇宙は、別々の無関係な存在として創造されたのではありません。外なる宇宙が内なる宇宙を支え、その基礎となるように創造されたのです。そうであるならば、外なる宇宙と内なる宇宙を結ぶ、いわば「架け橋」のような存在がなければならないのです。それが人類です。こうして人類は、いわば宇宙の「映像」となります。

あなたがたの「魂」は内なる宇宙を映し出し、あなたがたの「身体」は外なる宇宙を映し出しています。これが、人間は「小宇宙」あるいは「ミクロコスモス」である、と古来言われてきたほんとうの理由です。あなたがたは、一つの生を外なる宇宙の住人として、もう一つの生を内なる宇宙の住人として生きています。これは、人間の誕生の最初からそうなのですが、ふだん気づくことはありません。あなたがたはそれに気づかずに一生を終えることもあります。

私たちが外なる宇宙と内なる宇宙の「架け橋」であるとは！　それこそ偉大なる創造の秘密だと思えます。それでは、私たちが内なる宇宙の住人でもあるならば、外なる宇宙にいる私という存在に、どんな意味があるのですか？

また、意味を求めていますね。いいでしょう。あなたがたは意味を求めずにはいられません。これも理性と合理的思考の特徴です。

前にお話ししたブドウの皮と果肉のたとえのように、あなたがたは内なるものを支えている存在なのです。二つの宇宙があり、それぞれの宇宙で別個に生命が創造されたのではありません。まず外なる宇宙の生命として生きた生命が、内なる宇宙の生命へと引き継がれるのです。外なる宇宙で生きているあなたがたは、家でたとえると、その土台であり、基礎です。土台や基礎なしには、内なる生命は存在しません。

あなたがたは、生物学的には自分の遺伝子を自分の子孫に引き渡しますが、あなたがた自身は外なる宇宙で、土台、基礎としての生命を送り、死とともに内なる宇宙の生命として移り住むことになります。

これは、イモムシとチョウの関係に象徴されています。イモムシは生まれてから地を這《は》うような、せいぜい二次元の生活を送ります。そして時期が来るとさなぎになり、いったん死んだかのようになります。やがてさなぎから羽化し、チョウとなって、イモムシとしての生活からは想像もつかないような三次元の世界を、自由自在に飛び回るようになります。あなたがたも、死という一種のさなぎ状態を経て、外なる宇宙から、より高次元の内なる宇宙に移り住むようになります。そこでは外なる宇宙では想像もつかないような生命の営みが待っています。

待ってください！　私たちは死後も内なる宇宙で生き続けるということですか？

そのとおりです。それ以外の意味があるでしょうか？

うーん、そういうことならば、死の意味も変わってきますね。しかし、たとえ私たちが内なる宇宙の住人として、死後も生き続ける存在であることが真実だとしても、死は私たちにとって、相変わらず恐怖の対象であり、これを避けるためにはどんなことでもしようとします。死の恐怖にはそれほど根深いものがあります。そういう恐怖を持たずに私たちは生きることが可能でしょうか?

死の恐怖は克服できるのか

思考の卑小さに慣れ、真理に気づかない人間が、死を恐れるのは自然な反応です。しかし、「死」は幻想です。死は、あなたがたが抱いている幻想のなかで、いちばん強くあなたがたをとらえて放さない幻想です。

あなたがたは人の誕生を祝い喜び、人の死を呪い悲しみます。それは人間にとっては自然な感情です。しかし、先にイモムシとチョウのたとえで説明したように、肉体の死はあなたがたの外なる世界から内なる世界への移行の形態にすぎません。

もともとあなたがたの身体は、星々の塵から生まれ、あなたがたの魂は永遠の神から出ています。だから「星のものは星に返し、神のものは神に返す」ことが、あなたがたの言う死の意味です。そこに魂の不連続はなく、永遠に続いています。
善良な魂を持っている人ならば、死によって、身体にあるときはそれほど明らかではなかった神の臨在に、望めばいつでも直接触れることができます。そこで人は、人間に生まれてきたことが、実は永遠の祝福と喜びにつながっていたことを悟ります。死はその目覚めの証であり、むしろ聖なる静寂のうちに祝われるべきものなのです。

それでも死の恐怖は私たちをとらえて放しませんが。

それが幻想特有の性質です。どんな幻想も、それ自らのメカニズムを持ち、そのメカニズムを働かせます。人間がいったん幻想を抱いてしまうと、そこから抜け出すことは容易なことではなくなります。そこに恐怖の本質があります。それが、幻想が持っているメカニズムの特徴です。ですから、幻想に気づいて、それを手放すことを学んでください。まず、死が幻想であることに気づき、次にそれを手放すのです。

でも、自分の死に対する恐怖から解放されたとしても、たとえば愛するものの死に対しては、まだ恐れが残ります。

あなたはそこで間違いを犯しています。それは死に対する恐怖ではなく、愛を失うことに対する恐れなのです。そこに気づいてください。あなたがたの愛するものが、死によって失われても、愛そのものは失われることはありません。あなたがたの愛するものは、その日そのとき、神とともにあり、永遠の幸福と喜びのなかに完全に目覚めることに気づいてください。

そのようすを見ることができれば安心することができるのですが……。

残されたあなたがたは、日々の生活のうちに、それを魂と全身で感じることができます。優しい風に、柔らかな陽の光に、一滴一滴の雨に、鳥のさえずりに、花のふくよかな香りに、あなたのまわりのすべてに、愛するものの臨在を感じることができるのです。なぜなら彼らはあなたの内と外のあらゆるところに遍在する無限の存在とともにあるからです。

身体を見るのは、身体の目であり、魂を見るのは、魂の目です。あなたがたのほとんどは、身体にあるうちは、魂の目が開かれることはありません。たとえ今しばらくは魂の目が開かれなくても、やがてだれにも、魂の目で見るときがやってきます。それまでは、彼らは神とともにあることを信じて安心してください。

たとえ信じることができても、もう愛するものの笑顔を見たり、笑い声を聞いたり、彼らと話したりすることできないと思うと、悲しみと苦しみにおそわれて耐えられそうにありません。

それは彼らにとっても同じことなのです。もし、神が彼らとともにいなければ。しかし神は、あなたがたのうち、だれ一人として見放すことはしません。そしてあなたがたの悲しみと苦しみは幻想であることに気づき、それを手放すのです。それは神とともにある、あなたがたの愛するものたちも望んでいることなのです。

私たちは、肉体の目で見ることができるものに執着していて、それが結局、死の恐怖、つまり幻想を呼び起こすことにもなるのですね。でも、私たちはこの執着から離れることができません。魂の目が開かれていないからだと思います。だから私たちは肉体の目で見ることのできるものにどうしてもこだわってしまうのです。

あなたがたの肉体の目と思考でとらえることのできるものは、実は、すべて真実の「外観」です。このことに気づかないかぎり、幻想から解放されることもないのです。

これまであなたはときどき、「外観」という言葉を使ってきましたが、「外観」とはどういう意味ですか？　また、外観と真実の関係はどうなっているのですか？　その関係がわかれば、幻想から解放されるのでしょうか？　あるいは一切の恐怖から解放されるのでしょうか？

外観と幻想からの解放

まず、外なる宇宙の時間は外観であり、空間も外観です。思考を含めた自我は外観に縛られます。自我も外観だからです。したがって「死」も外観なのです。

外観とは何でしょうか。ここではたとえで説明しましょう。それはリンゴやオレンジ、ブドウの表皮のようなものです。表皮は豊かな内容を守り、支えています。それなくしては、表皮の下に隠された滋味あふれるものは成長せず、そもそも存在し得なくなります。このように外観は、存在を支える基礎、基盤となっています。

しかし、外観にとらわれると、外観こそ真実であり、存在であると錯覚します。そのとき滋養豊かな内容は無視され、自我は「内容は幻想である」と思いこみはじめます。事実は、外観は真実や存在への入り口であり、その役目が終われば内容に道を譲ります。リンゴやオレンジの皮だけ食べて、中身を捨て、それを味わおうとしないのは、真実や存在への入り口にとどまってしまうことを意味します。したがって「死」が外観であるならば、「内容」とは内なる宇宙に移り住むあなたがた自身のことです。

なぜ私たちは、外観にとどまったままなのでしょうか？

外観は、自我の目には美しく輝いているからです。また「死」のように強いインパクトを与える外観もあります。外観の美しさやインパクトは、内容へ導く仕掛けであり、その役目が終われば忘れられ静止し、あるいは外なる宇宙から消えます。
自我が見る外なる宇宙は、時間と空間で構成されています。時間と空間は外観であり、それを満たす物質やエネルギーもすべて外観であることを悟らないかぎり、宇宙創造の秘密を悟ることはできません。

では、幻想とは何ですか？

存在するものには必ず外観がともないます。外観こそ真実であると思う心から生じるもの、それが幻想です。外観にとどまり、真実を見ようとしないかぎり、矛盾や混乱が生じてきます。

それでは存在とは何でしょうか？

それは神の愛と知恵に由来し、内的宇宙にも存在しているもののことです。外的宇宙に外観を持つもののなかで、真に存在すると言えるのは人間のみです。そのほかのものは、真に存在しているわけではなく、内的宇宙の存在の影にすぎません。

その影でさえないものは幻想と呼ばれます。善と真理に対抗するもの、すなわち悪と誤謬《ごびゅう》と言われるものはすべて幻想であり、妄想です。これらは初めから宇宙に存在していたわけではありません。人間が作り出したものです。幻想は自らのメカニズムにより、外観をともなって人間の前に立ちふさがります。悪と誤謬の罠にとらわれた人間は、それが善であり真理であると錯覚するようになります。そして、善と真理を幻想として見るようになります。こうして人間のなかで、生命の逆転現象が起きます。善と真理のなかに生きることが生命なのですが、それが逆転すると、悪と誤謬のなかに生きることが生命であると、妄想を抱くようになるのです。

この妄想、あるいは幻想はなかなか頑迷です。一度人間の視野に入ってくると、そこから離れようとしなくなるからです。この妄想から人間を解放するのは真理です。

地上でどんなに嵐が吹きすさぼうとも、大気の高層では常に太陽が輝き、星が輝いているように、人間がどんなに大きな妄想の黒雲の下にいようとも、真理は常に「今ここに」黒雲の上にあり、輝いています。そこに真に気づけば妄想を手放すことができるはずです。

でもそれは、言葉でいうのは簡単ですが、実際には難しいことではないでしょうか？

あなたがたはそう言って、ありのままの自分自身から、いつも逃げます。それでは世界は変わりません。いつまでたっても、恐怖、争い、憎しみ、欲望という妄想は消えません。

遠くの国で起きている不幸や戦争や、すぐ近くで起きているありふれた不幸は、あなたの恐怖、憎しみと関係がないと思っていませんか？　まわりで起きている不幸は、明日のあなたの現実かもしれないのです。そして、あなたの現実は、まわりの現実とつながっているのです。なぜなら、人類はすでに一体だからです。

ですから、「今、ここ」で変わらないかぎり、あなたは永久に変わることができません。あなたが変われば、世界も変わります。

でも、「今、ここ」で変わるためにはどうしたらよいのでしょう？

まわりには今、何が見えますか？

窓の外を見ると、目にしみるような青い空が広がっています。透明の大気のなかでそよ風が吹き、木々の緑の葉が青空の下で揺らいでいます。一枚一枚の葉は風に揺らぐことによって、陽の光を受けています。その様子をじーっと見ていると、なにか引き込まれていく感じがします。そして心が静かになっていくのを感じます。

あっ、リスが木の枝から飛び出してきて、いそいそと電線をわたりはじめました。今度は突然カラスが鳴きはじめ、スズメが庭に降りてきました。私の目の高さくらいのところでは、チョウが風にそよぐ花のまわりをあてどなく飛んでいます。目をもっと下げると、木の枝が風に揺れるたびに、庭に映る葉の影も、陽の光のなかで踊っています。

ではその光景を見ているとき、あなたの心の中ではどんなことが起きていましたか？

あっ！　見ることだけに集中していたので、頭の中は空っぽでした！　何の変哲もないありふれた光景だと思うのですが、そこに「美」を感じたようです。と同時に、生命の輝き、喜びもひたひたと心に湧き上がってくるような感じがしました。

そう。あなたはまず、あなたのまわりを見ることだけに集中しなければなりません。すると、それが自然の風景であれば、「美」に気づくのです。これは生命活動の輝きであり、喜びが現れた結果です。心を空にし、なんの先入観も持たず、ありのままに見つめることができれば、無限の存在は遍在していますから、「美」に気づき、「愛」に気づくことができます。でもあなたの思考が先入観でふさがれていて、たとえば景勝地へ行って「ああ、美しい」と思うことは

「美」に気づいたのでしょうか。そう思うのは、景勝地で「美」そのものを見ているのではなく、頭の中にある、美しいという評判に反応しているだけなのです。

ですからものを見るときは、思考を止め、頭を空にしなければ「美」に気づくこともなければ、「真実」に気づくこともなく、「愛」に気づくこともありません。

そして、あなたの内面にある思考の迷妄と幻想も、なんの判断も加えない、ありのままに見つめる目で見つめてください。それが「今、ここ」にあることへの第一歩です。ほんとうにありのまま、あるがままに見つめることができれば、「今、ここ」で変わることができます。

恐怖について

わかりました。まず、自分の外と内をありのままに見つめましょう。それが、世界が変容することにつながるのであれば……。

死の恐怖については、それが幻想であり、死によって私たちは内なる生命へと、連続的に移行することはわかりました。でも、私たちは死以外にもさまざまな恐怖を抱えて生きています。これらの恐怖はどうすれば克服できるのですか?

あなたの言う「恐怖」とは何ですか？　あなたは何を恐れるのですか？　先にあなたは「この宇宙に恐れるものなど何もないと感じる」と言ったではありませんか。

でも、日常では私たちは自我に振り回されて生きています。たとえば、財産を失うとか、名誉を失墜するとか、病気になるのではないかとか、家族を失うのではないかとか、さらに、自分の命を失うのではないかという恐れです。

それが自我の特徴です。それでは、それらの恐れに共通していることは何でしょうか？

そうですね……。何かを失うこと、ではないですか？

では、失うものがなくなれば、恐怖もなくなるのではありませんか？

えっ、どういうことでしょうか？

あなたは財産を失うことを恐れています。それならば、全財産がなくなれば、もう財産はないのですから、それと同時に財産を失うという恐怖もなくなります。名誉についても同じです。病気になる恐れとは、健康であることを失うことですね。あなたが現実に病気になれば、そこで、病気になるという恐怖は消えます。何かを失うことを恐れているのならば、その何かが実際に失われれば、それを失うという恐怖も同時に消え去るのです。

それはわかります。でも、病気になったらなったで、今度は別の病気になるのではないかとか、最悪の場合、死ぬのではないかという恐怖が残っています。

そのとおりです。恐怖は恐怖を生むのです。一つの恐怖がなくなると、別の恐怖が頭をもたげてくるのです。そして最終的に、死によってすべての恐怖はなくなります。

それではあんまりです！　私は今生きているこのときに、恐怖から解放されたいのです。

あなたはまだ、死が幻想であることを悟っていませんね。あなたがたにとって死が最大の恐怖であり、しかもそれが幻想であるならば、幻想をなぜ恐れるのですか？　死に対する恐れがなければ、ほかの恐れは最終的になくなるではありませんか。

たしかに私は悟っていません。死が幻想であることを知的に理解しても、依然、死を含めたさまざまな恐怖が残っています！

では、別の観点からあなたの恐怖を探求してみましょう。あなたは何かを失うことを恐れている。それは財産だったり、名誉だったり、愛だったり、健康だったり、安全だったり、命だったりします。そこに共通していることは何でしょうか？

それは、それらを所有している、ということではないでしょうか？

でも、それらはほんとうにあなたが所有できるものなのでしょうか？

えっ、個人が何かを所有できるのは当然だと思うのですが。財産やそのほかのものも所有できると思うのですが……。

ここで探求したいことは、あなたがたの魂に関することです。しかしあなた自身の肉体も含めて、物質的なものも所有できると信じると、恐怖が生まれることはわかると思います。所有できるものはいつか必ず失われるからです。

では、魂にとって大切な「愛」についてはどうでしょうか。「愛」は所有できますか？　所有できる愛は、真の愛ではありません。なぜなら、所有できるとすると、それは失われる可能性があるからです。「真の愛」は所有できません。あなたがたは真の愛の器だからです。真の愛は、器であるあなたがたに一時的にとどまります。しかし、あなたがたがそれを自分だけのものとして所有してしまうと、それは真の愛であることをやめます。あなたがたは真の愛に触れたならば、ほかの人にもそれを渡さなければなりません。そうすれば、常に新しく、生きている真の愛が、豊かにあなたがたに注がれることができるのです。

あなたがたの命も含めて、そのほかのものも、ほんとうの意味で所有はできません。それらはあなたがたが預かったものだからです。所有できるように見えるのは外観にすぎません。そしてこの外観を真実と思うところから、恐怖が生まれてきます。ですからあなたがたが何かを所有している、あるいは所有できると思わなければ、恐怖は、初めからあなたがたのなかにはないのです。そしてあなたがたは「恐怖」さえ、ほんとうは所有できないのです。

わあ、たまげました！　そんなことは思いもつきませんでした。恐怖は、何かを所有しているという外観から生まれていたなんて……。私たちが何かを所有していなければ、初めから失うものなどありませんから、私たちには恐怖はないはずなのですね。しかもその恐怖さえ所有できないとは……。でも、こう考えることは、とても難しいことのように思えるのですが……。

それが外観の頑迷さの表れです。しかし、この外観に気づかないかぎり、あなたがたは恐怖から解放されることはありません。

それどころか、あなたが何かを所有できるとすれば、その何かの反対物も所有できることになります。たとえば善を所有できるとするならば、悪も所有できることになります。愛を所有できるとすれば、憎しみを所有できることになるのです。あなたがたは、悪も憎しみも、ほんとうは所有できません。所有できると信じることから、あなたがたの悲劇がはじまります。

それでは、私たちに所有できるものは何ひとつないということを、ほんとうに悟ることができれば、一切の恐怖は消え去るわけですね？

そうでしょうか。もう少し恐怖について探求してみましょう。

えっ、まだ恐怖の原因があるのですか？

あなたがたには、生まれてから身に付けてしまっているものがあります。

それは、常識とか習慣でしょうか？

そして、そこから生まれるあなたがた自身の自我です。これらはふだん、あまり意識することはありません。しかし、常識や習慣、自我が何らかの挑戦を受けると、あなたがたは身構えてしまいます。そこに恐怖が存在しています。なぜなら常識や習慣、自我は、今のありのままの自分だからです。今のありのままの自分に気づかされることに、恐怖を感じるのです。そういう自分は卑小です。ですから、たとえば「自分は勇気がある」と思っていても、卑小な自分は臆病なのです。ふだんは常識や習慣、自我に隠れている、臆病な自分を認めることが怖いのです。常識、習慣などでさまざまに条件付けられた自我にどっぷりつかった今の自分に気づいてください。そしてそういう自分は卑小であることに気づいてください。そしてほんとうは、そういう自我も、あなたがたは所有できないことに気づいてください。

これも驚きました！　それが真実ならば、私たちは何ものでもない、「空《くう》」なのではありませんか？

そこに気づけば、あなたがたの作り出した卑小さとは反対の、真の偉大さ、真の勇気が訪れることができます。なぜならあなたがたは「空」だからです。

そして自分が何ものでもない空であることに気づくならば、真の勇気は無限の存在からくることを悟ることができます。

あなたが空であれば、そこには何の恐怖もありません。そして、恐怖の消え去ったあとには、愛にあふれた「希望」が立ち現れてきます。

神の存在の証拠が見つけられない、もうひとつの理由

お話しをうかがっているうちになんか晴れ晴れとして、さっぱりした気持ちになりました。私たちがほんとうは何も所有できず、しかも「空」であることを悟れば、何事にも潔く振る舞えるような気がします。しかし、私自身はまだ潔い人間ではありません。いろんなことにこだわり続けてしまいます。ですから、ここでもう一度、神の存在について探求したいのですが……。

いいでしょう。すべての探求はそこに行き着くわけですから。

無限の存在についてては、それは理性の地平の彼方にあり、それを理論的に証明することはできないことは、すでに語りました。その後この無限の存在は、それを認めるならば神であることも見ました。ここでは神の存在について、別の観点から探求していきましょう。

ちょっと、お待ちください。今度は、私の観点から探求したいと思います。これには、自分で再確認するという意味もあります。

そうですね。それはよいことです。でも、別の観点からですよ！

わかりました。さて、現在の科学によると、これまでも、これからも、神の存在の明白な証拠は、どこにも見出すことはできないと言います。宇宙物理学者は、ビッグバンからはじまった宇宙の進化を理論的に、また宇宙の果てにある天体を観測することにより、合理的に説明しようと努力を続けています。

また、生物学者は、化石や化学、分子生物学を頼りに、生命の進化を解き明かそうとしています。宇宙の進化、生命の進化を解明しようとする試みのなかには、神の入る余地はないように見えます。説明に神を持ち出しては、科学者の負けだからです。

しかし、神の存在の明白な証拠がないことは、そのこと自体が神の存在の明白な証明となるのではないでしょうか。

それは、なぜでしょうか？　あなたなりの理由を言ってみてください。

もし、物理的に、あるいは科学的に、神の存在の証明ができたとします。すると、すべての人は、いわば強制的に神の存在を認めざるを得なくなります。しかし、理性や合理的思考の枠組みのなかで、その存在が証明されるものは無限と言えるでしょうか、あるいは神と言えるでしょうか。

それは人間の理性や合理的思考が核となっている「自己」の投影にすぎないのではないでしょうか。しかも、その自己は卑小です。卑小な自己がその妄想を限りなく拡大してみても、かえってその卑小さが際立つだけです。さらに、もし科学的に証明されるならば、いわば、信仰への強制が生まれます。強制されたことに愛は存在するでしょうか。強制のあるところに、敬愛や、感謝、謙譲など存在するでしょうか。それは無限の愛と知恵の創造の目的に反するのではないでしょうか。また、人間の高貴さはどこかに吹っ飛んでしまうでしょう。それにともない、人間の自由な精神も消滅するはずです。したがって、そのような証明ができないことが人間の生命を守っていることにもなると思うのです。このことによって、神の存在の明白な証拠は、この宇宙のどこにも存在しません。

これと同様に、存在の否定も証明できません。もし、科学者か哲学者が、神の存在を否定する証明ができたと宣言したら、それは彼らの信仰表明なのです。つまり、無神論への信仰表明です。ですから、神が存在しないという明白な証拠も、宇宙には存在しません。

神の存在は、私たちの理性を超え、しかも理性を含みつつ超越している高次元の領域での、私たちの自由な選択にゆだねられています。しかし、「自由な選択」という行為は、思考の領域に属しています。思考の領域を超えた真の自由に、選択はありません。すなわち「無選択」です。そこに自ずと現れるのが愛であり、真実であり、美です。私たちが無限の存在の愛と知恵を受ける器であるならば、信じるという行為は、愛の行為の一つの表現です。そこにはなんの強制も、恐れも、絶望も、選択も存在せず、永遠の存在に対する「気づき」があります。

よくできました。そこまでわかっているならば、私の役目は終わりです。

あっ！　ちょっと、待ってください。去らないでください。まだお聞きしたいことがたくさんあります！　あなたに啓発されたからこそ、このように考えることができたのです。お願いですから去らないでください。それと、精神的指導者たちの懐疑、最初の疑問にまだ答えていただいていません。

わかりました。役目が終わったというのは、私が去るということではありません。私たちはあなたがたのもとから去ることは決してありません。しかし、あなたがたに少しでも自己満足やその影がちらつくと、私たちは、あなたがたには見えなくなるのです。

わかりました。私には自分では気づいていない自己満足の心がどこかにあるのですね。まったく、私という存在はどこまでいっても卑小な存在なのですね……。

自分自身を責めるのではなく、ありのままの自分を見つめ、そこに気づき、その卑小さを手放すことが大切です。

では、最初の疑問に答える前に、もう少し別のことを探求してみましょう。

今あなたは説明のなかで「信じる」という言葉を使いました。これはどんな意味ですか？

「信じる」ことの真の意味について、私は、ほんとうは知らないと思います。

私たちが使う「信じる」という言葉には、理性で納得して信じるのではなく、他人が信じるから自分も信じるとか、見えないものを無理して信じる、あるいは何か自分にとっていいことが起きることを信じる、というようなニュアンスが含まれています。これは「信じる」という言葉の本来の意味ではないと思うのですが……。

信じることの逆説

まず信じるという言葉の意味を、ここではっきりさせておきましょう。

これまで人間は何かを信じることによって、神を、イデオロギーを信じることによって分裂し、不幸を大量生産してきました。自分の信じることと、人の信じることが違うと、お互いに批判し、悪くするとそれは暴力につながったのです。歴史を見れば明らかなように、人は信じることによってお互いに殺し合ってきました。また、信じるということは、宗教やイデオロギーのドグマを信じることでもありました。ドグマというものは、それこそ思考が作り出したものので、思考を超越しているものではありません。それはまた、「偶像崇拝」でもあるのです。何であれ、思考の作り出したもの、紡ぎ出したものは、「偶像」になる可能性があるからです。

つまり、何かを信じるということは、思考を超越した行為ではありません。思考を超越したところに、無限の存在、神が「ある」のです。神は無限の愛と知恵そのものです。その「あるがまま」をあるがままに知り、愛と知恵を受けること、これが「信じる」ことの本来の意味です。ですから真の愛が存在しない「信じる」という行為は、レシピをただ眺めるばかりで料理をしないことにも似ていて、なんの実も結ばないのです。そして真の「信じる」ことには、一切の恐怖、幻想、暴力、欲望は消え去ります。愛と知恵が一体となった状態、そして「知っている」という状態があるのみです。

真の愛をともなわない何かを「信じる」ということが、この世の不幸を作り出してきたという話は、前にも一神教と多神教の話のなかで出てきましたね。でも、こうもあからさまに言われるとは驚きました！　あなたは実に逆説的なことを言われました。何かを信じるとは、思考を超越したことではなく、愚像崇拝にすぎないとは！　私はそういうふうに考えたことはありませんでした。

それでは、人間はどうやったら、神の存在を「信じる」、「知る」ことができるのでしょうか？

あなたは「どうしたら」と聞きます。しかしあなたは、「信じる」ことのさらに深い意味を知りません。

実は、人間が信じるのではなく、神が初めに人間を信じているのです。

えっ！　どういうことですか？　それも逆説的に聞こえますが……。

逆説ではありません。あなたがたはこのことに気づくことができたはずですが、これまでにだれもそのことを、あからさまに言おうとはしてこなかった真実です。

神が無限の愛と無限の知恵であるならば、そこには、信頼も含まれているはずですね。神は創造の初めから人間を信頼していました。信頼とは相互関係であることは言うまでもありません。その次に、人間も神を信頼したのです。

人間の親子関係を例にすると、親子の間にあるのは信頼関係です。だれも、自分の親の存在を疑ったりしませんし、その存在の証明を要求することもありません。このように、人間の創造にあたっては、まず、神の信頼が人間に向けられていたのです。

今まで、「信じる」ということについて、そういうことは思いつきもしませんでした。人類の歴史は「神を信じなさい」というプロパガンダに踊らされてきたのですね。神がまず人間を信じていたなんて！　実にショッキングです。そうならば、私たちの悪行は、神の信頼に対する裏切りということになります。これもショックです。打ちのめされそうです……。気を取り直してと……。それではなぜ、宇宙には神の存在の明白な証拠がないのでしょうか？　神が私たちを信じているからですか？

これには、先にあなたが述べた理由のほかに、深遠な理由が隠されています。神が無限の愛と知恵であるならば、神自身は無限の謙譲さそのものです。第一章で明らかになったように、神はあなたがたの内と外、あらゆるところに遍在しています。そうであるならば、あなたがたはそのことに気づくはずです。ですから自我と思考を超越し、気づく人には何の証明も必要ありません。しかし神は、奇跡あるいはあからさまな顕現によって、あなたがたを強制して気づかせることはありません。それは謙譲さとは反対のことで、神の愛と知恵に矛盾することです。またそういう強制は、あなたがたの自由意志を踏みにじることになります。したがって神は人間の自由な精神を保護するために、また自身の謙譲さから、神自身を宇宙にあからさまに顕現しません。神は宇宙創造の際、自身の痕跡を、宇宙のすみずみから注意深く消し去ったようにも見えます。これは外なる物質的な宇宙についての真実です。したがって本来、物質的である人間の思考の領域には、神の存在の証明は入ってこないのです。

しかし、人間は外なる宇宙の住人であると同時に、内なる宇宙の住人としても生きています。内なる宇宙の住人は、神の存在を「知って」います。そしてその証は、人間の「良心」として穏やかに存在しています。良心の存在を否定する人はいません。でも、良心がどこからきたのか知っている人は、ほとんどいません。

良心とは、神の善と真理から出た、宝石のような贈り物です。この宝石は、人間がその存在を無視するような行動をとっても、剥奪されることはありません。人間には隠れて見えなくなるだけです。というよりは、人間がそれを隠してしまうのです。にもかかわらず、良心はつつましく、でしゃばらずに、依然として人間のもとに存在しています。

このように、神は人間の良心を通して、自身の存在を穏やかに顕現しています。そこには怒りも、強制も、命令も、恐怖も、欲望も存在しません。あるのは、人間が「良心」に気づくことを、永遠から永遠に待ち続けている無限の忍耐です。

たしかに私たちの「良心」は、私たちを支配しているようには見えません。私たちが良心に反するようなことを行ないそうになるとき、「良心」は、ただ私たちに穏やかに語りかけるようにも思えます。「それは間違いなのではないか?」

という疑問形で語ります。

でも、私たちにはそれが正しいことなのか、間違ったことなのか、たいていの場合、すでにわかっています。

では、「良心」が神の存在の証明になるということですか？

そうです。良心を通して神に気づくことができるからです。それだけでなく、信じる人、すなわち神を「知っている」人にとっては、人間自身も含めて、宇宙は神の驚異に充ち満ちています。これが古来、真に善良な人々が気づいていた境地です。しかしこれは、現代のあなたがたも、見ようと思えば見ることのできる、「気づき」の一つです。

信じるという行為は、相互関係であり、人間にとっては自由な精神の発露です。神は人間に信じることを求めているのではありません。人間が自由な精神を保ち続けることを願っているのです。自由な精神がなければ、心からの愛、信頼、敬愛、謙譲、感謝は存在しないからです。これは人間どうしの関係でも同じことです。信じることを強制されても、心からの愛は生まれないからです。

非物質的なものを見る目とは

このような話は今まで聞いたことがありません！　これまでのあなたの話によれば、愛も真実も美も良心も、思考を超え、物質を超えているのですね。では、その非物質的なものを見る目とは、どんなことをいうのでしょうか？

あなたがたが見る物、聞く物、感じる物、すべては物質的です。あなたがたが非物質的と思っている情報でさえ、物質的な基礎を持っています。それゆえ、あなたがたが働かせる推理も物質的にならざるを得ません。あなたがたがどんなにもがいても、物質的な物から逃れることはできません。あなたがたは物質的な環《わ》のなかに、永遠にとらえられているように見えます。だから非物質的な物を、あなたがたは直接見ることができません。しかし、あなたがたは非物質的な存在でもあります。

非物質的な存在とは、単なる情報ではありません。この非物質性は、物質的な環の上にあります。物質的な物を超越しているのです。それは理性では到達できないところにあります。理性も物質的な環から逃れることはできないからです。そこに到達するためには、感動、喜び、感謝、謙遜、愛がなければなりません。また、思考を持って努力しても、そこに到達することはできません。到達するのではなく、思考を超越したところにある存在に対する「気づき」がなければなりません。これは理性が経験し得ない境地です。

では、「気づき」のないところには、愛はないのですね？

そうです。理性が経験し得ないことに、非物質的な存在への道が隠されています。経験は物質的な環のなかにあります。なぜなら経験は時間のなかにあり、つまるところ記憶にすぎないからです。あなたがたが何かを経験しているとき、脳では、脳波が発生し、化学物質が流れ、絶え間ない活動が繰り広げられています。つまりあなたがたの思考は絶えずざわついているのです。このざわめきが静まらない限り、「愛」は現れません。

では、「愛」とは何でしょうか？

あなたがたが普通、愛と言っているものは、この思考のざわめきであって、結局物質的なものです。真の愛は非物質的です。つまりそこには思考のざわめきはありません。だれかを真に愛するときは、何の見返りも求めず、欲得もなく、ただ「あるがまま」を受け入れます。愛には思考の入り込む余地はないのです。理性を超越した、聖なる静寂において愛は現れます。そこには思考を超越した英知、すなわち真の知恵も存在しています。それは内なる宇宙に存在する、物質を超越した状態です。

「たとえ全世界を得ようとも、愛がなければ、むなしい」ことです。たとえ宇宙の神秘をすべて解明したとしても、そこに愛がなければ、それは「魂の入っていない仏」を創ったことと同じようにむなしいことなのです。

物質から超越したとき、そのときはじめて創造的エネルギーである「愛」が現れます。

そうか！　真の愛は非物質的で思考を超越しているのか！　そして「愛」は創造的エネルギーだったのか……。私たちが愛の問題で失敗する理由がやっとわかりました。

最初のテーマである創造にもどってきました。ここで最初の疑問、世界の精神的指導者たちの素朴とも思える疑問に、あなたならどう答えられますか？

人間の創造とは

創造のプロセスを理解していないことからくる誤解のことですね。やっとその疑問に答えることのできる段階にきました。あなたにとっても、私にとっても、これは祝福の瞬間です！

では、答えましょう！

人間は外なる宇宙にいると同時に、内なる宇宙にもいるとするならば、なぜ人間には内なる宇宙を見ることができないのでしょうか。

それは、人間が外と内のいわば「境界」にいる存在であって、常に外を見ているからです。外を見る目は、思考によっていつも惑わされ、内なる宇宙を見ることはできません。人間は思考の迷妄という、自分が作り出した繭のなかにいて、そこが楽しく居心地がいいので、内なる宇宙に気づかないのです。

この「気づき」は、強制によっても、命令によっても、恐怖によっても、欲望によっても生まれません。己を空にして、良心の声に耳を傾けることによって、宇宙のさまざまな驚異を虚心に見ることによって生まれてきます。己を空にするには、自ら進んで己の作り出した繭から、一歩を踏み出すしかありません。

人間は真の自由ではない「自由」から迷妄や幻想を紡ぎ出します。人間は真の自由を知らないのです。

しかし、人間はこの迷妄の繭から決別することができます。それができるように人間は創造されています。決別に強制や命令、恐怖はありません。自ら進んで決別することが創造のプロセスです。繭から決別して真の自由を得る。これも創造のプロセスです。

ですから、最初の疑問、「無限の愛と知恵である神が、なぜ人間のような悪を作る存在を創造したか」は、疑問自体が的はずれなのです。

疑問自体が的はずれとはどういうことか、もう少し詳しく説明してください。

人間の誕生から成長、そして死まで、人間は絶えず神の創造的エネルギーによって囲まれています。この創造のプロセスに人間が自ら進んで参加しないかぎり、創造は完成しません。そして外なる宇宙と内なる宇宙の境界にあって、本来どちらにも開かれるべき扉が、外なる宇宙にだけ開かれているならば、扉は、内なる宇宙を隠す仕切りとなるだけです。この扉を内なる宇宙に向かって開かないかぎり、創造のエネルギーに触れることはできません。

扉を開き、そこに満ちあふれるエネルギーに触れることは、すなわち「人間」の創造に参加することなのです。

つまり、人間とは、すでに創造された存在ではなく、「今、ここ」で「自ら創造しつつある存在」、また無限の存在によって「創造されつつある存在」なのです！

そうか！ 人間が「すでに創造された存在」ならば、精神的指導者たちの疑問ももっともなことと思えます。神は人間を創造し、その後人間が罪を犯すたびに怒る、こんな神は信じることができません。

しかし、人間が「自ら創造」し、「創造されつつある存在」ならば、たしかにそういう疑問は、的が外れているように思えます。私たちが私たち自身を創造し、神が「今、ここ」で私たちを創造しつつあるならば、私たちは真の愛に目覚めることができる存在であり、私たちの悪の原因が、神にあることにはならないからです。そういうことだったのか……。

では、私たちはその創造のプロセスにどうやって参加するのでしょうか?

それについては、自由意志の問題と関係しています。次章で探求しましょう。あなたがたはこの宇宙で創造の現場に立ち会っています。というよりは、あなたがた自身が創造の当事者であり、自分自身をどのように創造していくかは、あなたがたに任せられています。そしてその創造のプロセスのなかで、いつでも、どこででも、神の援助に気づくことができることを探求していきましょう。

Ⅰ
天使との対話

Ⅱ
宇宙創造の目的

Ⅲ
自由意志

Ⅳ
「なる」から「ある」へ

Ⅴ
永遠の生命

Ⅵ
空なる器

Ⅶ
「仕える存在」の知恵

あなたにとって自由とは何ですか
大空を鳥のように飛翔することですか
地を這う蛇のように野をさまようことですか
その選択はだれがするのですか

自由とは何か

これまでの対話のなかで、たびたび自由とか、自由意志という言葉が出てきました。人間にとって自由とは、かけがえのない貴重なものだと思うのですが、そのほんとうの意味は深く調べていません。自由とか自由意志について、あなたはどう思われますか?

あなたがたの言う自由とは何でしょう。まずそこからはじめましょう。

たとえば、子どもが親の干渉を嫌い、親元から離れ、独立したいと思うことは、自由を求めてのことでしょうか。あるいは自分のしたいこと、やりたいことをして生きるのが自由なのでしょうか。

普通、あなたがたはそういうことを自由と呼んでいます。すなわち親や束縛などからの自由というような「何かからの自由」があります。また、自分が思うことを、何の制限も受けずに行なうことができるというような「何かをする自由」があると思っています。そして、いろいろな選択肢のなかから、どれかを選ぶというような「選択の自由」もあります。

しかし、何かの束縛を逃れ、自由になったと思った瞬間から、新たな束縛がはじまります。何か好きなことをし、それに熱中したとたん、そのことに束縛されていることに気づきます。

選択肢から何かを選んだ瞬間、選んだこと自体に束縛されます。
あなたがたの言う「自由」には、このように常に「束縛」がついてまわります。私はこれらを否定はしません。しかしそこにあなたがたの悲哀を見ます。「私は自由だ!」とあなたがたが高らかに宣言するとき、私は悲しみを覚えます。あなたがたの言う自由は幻想だからです。

私たちの思っている自由が幻想だとすると、いったいほんとうの自由とは何なのでしょう? 束縛がついてまわるからですか? でも、その束縛自体は、自分が自由に選んだ結果なので、だれにも文句は言えませんね。自分が自由に行なった行為の責任は、自分が負わなければならないのです。

そこにとどまっているかぎり、自由は幻想であるままです。たしかに、あなたがたの言う自由な行為には、常に何らかの責任がついてまわります。しかしここで探求したいのは、そういう自由ではなく、一切の束縛から解放された、いわばあなたの頭上に限りなく広がる青空のような、「美」をそなえたものです。
では、私から質問しましょう。あなたがたが自由と言っている、これら三つの状態に共通していることは何でしょう?

えーと、それは「選択」だと思います。何かから逃れ、逃れる先を選択し、何かを行なう選択をし、選択肢から何かを選択します。

なるほど。それではあなたがたの選択の基準はどこにあるのですか？

うーん、たいていの場合、損得だと思います。何かからの自由の場合、逃れた先が自分にとって都合がいいか考えますし、何か好きなことをする自由の場合、それが楽しさや快楽を与えてくれなかったらがっかりします。また何かを自由に選ぶという行為では、真っ先に損得を考えてしまいます。

あなたがたの言う自由に悲哀がともなう原因はそこにあります。選択の背後に損得の打算があるかぎり、あなたがたは自縄自縛《じじょうじばく》の罠から逃れることはできないからです。こういうものがあなたがたの言う自由であり、目指すところです。

これらは普通の生活を送っていくうえでは必要なことかもしれません。でも、そこには選択の結果を負う責任もついてまわるのです。

たしかにそうですね。最近では何を選択するにしても、そこに「自己責任」があれば、自由である、というような言い方がよくなされています。ですから、私たちは何かを選択するとき、その結果と責任について慎重に考えざるを得ません。

そういう自由については、あなたがた自身がよくわかっていることです。でも、ここで探求したい自由は、あなたがたの思考の枠組みに束縛され、そこから一歩も抜け出すことができないような自由ではありません。私はそこに悲しみを覚えます。ここで探求したいのは「魂の自由」です。魂が自由であれば悲しみは喜びに変わります。

「魂の自由」？　これまでも、たびたび「魂」という言葉が出てきました。あなたの言う「魂」とは何ですか？

「魂」を一言で定義することはできません。なぜなら魂は永遠なるものと同じだからです。しかしここでは、内なる宇宙に住むあなたがた自身のこととしておきましょう。あなたがたの「身体」は、外なる宇宙の時間と空間に束縛され、はじめがあり、終わりもありますが、あなたがたの「内なる身体」は内なる宇宙にありますから、時間と空間を超越しています。そして「魂」とは、その「内なる身体」の、さらに「内なる存在」です。「魂」も、やはり時間と空間を超越していますから、はじめもなく終わりもありません。なぜならそれは「永遠」から創造されているからです。しかし、「永遠」を時間の限りなく延長されたものと考えないでください。時間を離れた「永遠」から創造されたものが宇宙であり、魂です。

したがって内なる宇宙に住む、あなたの魂が自由でないかぎり、真に自由ではありません。

魂に自由がないかぎり、どんなに自分は自由であると思っていても、あなたは外なる宇宙に縛られたままです。逆に、たとえ外なる宇宙で囚われの身であっても、あなたの魂が自由であれば、あなたは「真に自由」なのです。

「魂」は、無限の存在に由来しますから、本来「真に自由」です。そのことに気づき、「魂」と「内なる身体」を一致させ、「内なる身体」と「外なる身体」を一致させることが創造のプロセスです。「人生(life)」、あるいは「生命(life)」とは、この創造のプロセスに積極的に参加することなのです。

「魂」とはそんなに深い意味を持っていたのですか。では、私たちが「魂」に気づくことができれば、「真の自由」にも到達できるわけですね?

あなたは「真実」なるものに到達したいと思っています。しかし、その自由に到達したり、その自由を獲得したりすることはできません。魂の自由とは、無限なるもの、真の愛、真の知恵と同じことだからです。

したがって、だれもそこに到達することはできません。あなたのなかにある内なる宇宙への扉が開かれた瞬間に満ちあふれるのです。それは創造的エネルギーでもあるのです。そこには束縛も、強制も、命令も、恐怖も、欲望もありません。あるのは、真の愛です。真の愛があれば、あなたがたが外なる宇宙で自由に選択したことに、自縄自縛の矛盾は消え去ります。真の愛がなければ、外なる宇宙での自由な選択は幻想であり、迷妄であるままです。

愛と自由

そうか……。魂の自由は真の愛とともにあるものなのか……。しかしたとえば、私がだれかを愛したとして、何の欲得もなく、ただその人の「あるがまま」を受け入れて愛することは可能でしょうか。愛することによって、その愛に束縛されることになりませんか。ほかの人は知りませんが、私には難しいことです。

「あるがままを愛することが可能かどうか」と疑問を持つことによって、あなたは真の愛から逃げているのです。そして「真の自由」からも逃げているのです。さらにもし、だれかを愛することに束縛を感じるならば、それは真の愛ではありません。何かの欲得が、まだ隠れているからです。真の愛は「無条件」です。

たとえば、自分が愛しているのだから、自分も愛されるのは当然だと、思ってはいませんか。何らかの見返りを求めているかぎり、真の愛とは言えません。あるいは相手が何かをしてくれなければ愛さないというような条件をつけていませんか。いずれにせよ、愛に何らかの条件をつけているかぎり、それは真の愛とは言えません。無条件の愛は母親と赤ちゃんの関係によく表れています。良い母親は幼いわが子を無条件で愛しませんか。そしてわが子の世話に束縛されることをなんら厭《いと》いません。そのように無条件で世話することが愛することであり、愛すること自体が喜びだからです。

その一方、愛し合っているはずの夫婦が、離婚してしまうのはなぜでしょうか。あなたがたは愛に疲れてしまっているのです。はじめは無条件で愛し合っていたかもしれませんが、いつのまにか相手に条件をつけるようになるのです。そうするとお互いに愛ではなく、束縛を感じるようになります。そしてついに、「こんなに愛しているのだから、愛してほしい、愛されて当然だ」と思うようになります。「愛されたい」と思うこと自体に何の罪もないように見えますが、それは欲得の一つです。「愛されたい」と思うから束縛が生じるのです。

つまり、あなたは相手に縛られているのではなく、あなた自身の思考の妄想に縛られているのです。ですから、見返りを求める心がどこかに潜んでいるかぎり、真に愛しているとは言えません。「愛されたい」ならば、まず無条件で愛さなければなりません。あなたに真の愛があれば、束縛は束縛ではなくなり、「絆《きずな》」となります。そしてそれは喜びに変わります。逃げるのではなく、魂を無限なるものに明け渡すことによって、あなたは真に自由となり、真に愛することができるようになります。

真の愛があれば、私たちの選択に矛盾は生じず、だれかを愛するという行為も純粋なものになり得るのですね。真の自由については、真の愛とともに立ち現われるもの、ということはわかりました。では、自由意志とは何でしょうか?

自由意志とは

自由意志は、人間の創造と関わっています。ここで、歴史、つまり時間のなかで人間がどのように創造されたのか振り返ってみましょう。そもそものはじまりを探求しないかぎり、あなたの疑問に答えることはできないからです。

人間は初め、あなたがたも知っているように、動物のような存在でした。その人間が無限の存在に気づき、自分自身に気づき、そして無限の存在の創造的エネルギーに触れ、やがて人間は真の「人間」になったのです。これが神による「人間」の創造です。

人間は最初、「人間」となり得る可能性を持った動物だった、ということですか。そうであれば、「進化論」と矛盾しないわけですね。

進化論は、あなたがたの観察と思考が作り出した、物質的生命に関する科学上の壮大なストーリーです。これが正しいとか、間違っているとかの評価は、あなたがたが決めることです。科学は新たな事実の発見によって常に書き換えられるからです。しかし科学は、思考を超越したものを扱うことはできません。ここでは、科学が発見することのできない「人間」の創造について探求しようというのです。

では、どのようにして「人間」が創造されたのですか？

前に言ったようにあなたがたは「創造されつつある存在」です。この創造のプロセスは、現在も無限の慈悲と恩寵のなかで続いています。でも、今はこのプロセスを、歴史的な目で見てみましょう。

宗教で一般に想像されているように、人類は初めから「人間」だったのではありません。無限の創造的エネルギーの導きによって、徐々に「人間」になっていったのです。

これは頼りなげで、風に吹かれて地上に蒔《ま》かれた種が、やがて芽を出し、成長し、つぼみをつけ、花開くことに似ています。外なる宇宙では、あなたがたは時間のなかで成長するしかないからです。したがって、初めから完璧な存在として創造された人間とは、幻想なのです。それは無限の存在の全知全能性を誤解することから生まれます。またそれは、創造的エネルギーの働き方の法則を知らない人間の迷妄、勝手な思い込みにすぎないのです。

それでは最初の「人間」と、私たち現在の人間と、どう違うのでしょうか？

決定的な違いがありました。時間のなかで徐々に動物的な状態から人間的な状態へと成長していくことによって最初に創造された人間は、外なる宇宙に対してだけではなく、内なる宇宙にも、心の扉が開かれていた存在でした。人間は神と親しく語り、神とともに歩む存在だったのです。神を友とし、いわば神と〝対等〟な存在としての完全なる人間でした。このように、最初の人間は神の「像」として創造されたのです。でも、そこには限界もありました。

その限界とは、たとえば、こういうことですか？　鏡に自分の像を映すと、左右は逆転していますが寸分違《たが》わぬ自分の像が現れますね。本物の自分は三次元です。でも、鏡の像には奥行きがあるように見えても、実際は二次元です。このように人間は神の像ではあっても、神ではない、対等であっても、同等ではない、ということですね？

そのたとえはあまり適切とは言えません。なぜならあなたがたは鏡に映し出された「虚像」ではなく、内なる宇宙における「実在」の外なる宇宙への顕れだからです。でもここではそう考えておきましょう。

あなたがたは神の「像」として創造されましたが、そこには限界がありました。神は生命そのものですが、人間は生命ではなく、生命を受ける器です。神は無限ですが、人間は有限だからです。第一章では神の無限性がテーマでしたが、ここでは人間の有限性がテーマです。では、無限性と有限性という観点から自由意志について探求してみましょう。

無限から独立した無限はあり得ません。無限はその意味で自己完結しています。無限から分離したものはすべて有限です。これはすべて創造されたものについて言えることです。したがって、人間は無限を映す像として創造されたのですが、有限にならざるを得なかったのです。しかし、神は自らの無限を映す像としての証を、人間に与えました。人間を「自由意志」を持つ存在として創造したことがその証です。

そうか！　自由意志があれば、人間は有限であっても、無限の可能性を持っていることになり、それが無限の神の映像というわけですね！

しかし自由意志は、神からの人間への贈り物、あるいは永遠に剥奪されることのない、言ってみれば、貸与物なのです。人間にとっては神からの預かりものです。最初に創造された人間の自由意志は、外なる宇宙の住人としての外なる人間のなかにありましたが、それは内なる宇宙の創造的エネルギー、愛と連結していました。彼らは、自由意志は所有できる性質のものではないことも知っていました。

所有できないとはどういうことですか？　たしかに貸与物であれば所有できないことはわかります。しかし、それが永遠に剥奪されることがないのであれば、自分が所有しているのと同じだと思うのですが？

このことは、前に話した、「真の愛」が所有できないことからくる、必然的な帰結なのですが、詳しく説明してみましょう。

たしかに人間は、自由意志をあたかも自分自身のものとして扱うことが許されています。そうでなければ、あなたがたは生きているという実感を持つことができないからです。自由意志によって、自分は自分から生きていると感じることができる、これは創造の目的でもあります。でもそれは、外観であり、本来あくまでも神のものです。しかし、自由意志は「もの」ではありません。そこに「ある」という状態です。ですから所有することとは違います。

人間が何かを所有すれば、所有しているものの奴隷になりませんか？　もし、人間が自由意志を所有していると勘違いすると、その自由があなたを束縛するという矛盾を招くのです。ですから人間は自由意志を所有できません。

あえて言うとすると、神でさえ自由意志を所有してはいません。神は生命そのもの、自由そのものだからです。人間は自由意志の管理を任されている管理者にすぎません。無限の愛と連結した自由意志によって、人間は自由にものを考え、自由に創造し、生きている実感を得ることができます。同時に無限の愛によって生かされているというリアリティも感じることができるのです。

驚きました！　私たちは自由意志を所有できないとは！　所有しているように見えるのは、外観だったのですね。このことはほかの所有できるように見えることについても同じでした。その外観がなければ、私たちは生きているという感覚を持つことができないし、したがって所有していると感じること自体は許されているわけですね。

では、ほんとうは所有できない自由意志を自分のものとして所有していると錯覚すると、どんなことが起こるのでしょうか？

歴史上、その錯覚は起きました。人間は外観しか見えなくなったのです。神は、人間が自由意志を簒奪《さんだつ》し、もともとから自分自身のものであると錯覚し、乱用することを、全知全能から予想せざるを得ませんでした。その原因は人間の有限性にありました。人間のちっぽけな自我は、生物としての人間が長年の進化で受け継いできた結果です。この自我は内なる宇宙を知ることはできません。外なる宇宙で生きることに集中しているからです。

人類が動物から、「人間」として創造されたとき、内なる宇宙の無限の愛との連結がありました。有限な存在が無限の存在と、愛によって結びついたとき、人間となったのです。しかし、人間は無限になったわけではありません。有限性は依然としてそこにありました。

有限性は、微風にも花びらを散らしてしまう、はかなく可憐な花に似ています。有限である人間は自由意志によって、自分のはかなさ、有限性を忘れてしまったのです。そして錯覚がはじまりました。

それでは神はなぜ、そのように錯覚する人間を創造したのでしょうか？

その問いに私は悲しみを覚えます。あなたはまだ狭苦しい思考を超えていないからです。思考を超越しないかぎり堂々巡りは避けられません。あなたの問いを突き詰めていくと、神はなぜ宇宙を創造したのかという最初の問いに戻っていくことがわかりませんか？

神は愛と知恵であり、愛と知恵に関して、自己完結はあり得ません。つまり、神はその愛と知恵から宇宙を創造せざるを得ないのであり、その愛と知恵に呼応できる有限な愛と知恵の形、器を創造せざるを得ません。それが人間だったのです。

しかし人間は、自由意志は無限の愛と連結することによって生きたものになることを忘れてしまいました。そしてその連結を断ち切り、自由意志をちっぽけな自我に閉じこめて乱用しました。自由意志を所有していると錯覚すればそういうことになります。その結果、自分は自分独りで立ち、自分だけから生きていると錯覚しました。これが、人間の最初の堕落でした。

自分だけから生きていると感じることが、なぜ堕落なのですか？　よくわかりませんが……。

あなたは、最初の人間が善悪を知る知識の木の実を食べたという寓話を読んだり、聞いたりしたことがあるでしょう。ここで言う知識とは、比較したり、測ったりすることのできる、ちっぽけな自我、思考によって知ることのできる知識です。知識の木の実を食べるとは、自我と思考によって見えるもの以外のものが、見えなくなることです。また寓話には、知識の木の実を食べることによって、「目が開かれた」とありますが、それは「自分は自分から生きている」という錯覚の反語的な表現です。こうして人間は自我と思考によって作り出された繭のなかに閉じこもってしまったのです。その後、いろいろな悪に染まっていくことは時間の問題でした。もちろん、自分は自分から生きていると感じることは許されています。それは創造の目的の一つでもあるからです。人間は操り人形ではないからです。

しかし、同時にそのように感じさせている源泉、神の存在を知ることも大切なのです。人間はこの源泉とのつながりを断ち切ってしまいました。そして最悪の場合、自分は自分から生きているという錯覚は、自分は神であるという、途方もない自我の膨張を招く結果となりました。それは神を否定することだったのです。それとともに愛の重要な形、感謝、謙譲さも失っていきました。これも神には最初から見えていたことでした。そして、それに対する用意もしてありました。

神が人間の堕落を先見し、それに用意するとは、具体的にどういうことですか?

まず、人間が善悪を知る存在になったという意味について探求しておきましょう。これは、堕落以前は善悪を知らなかったということではありません。あたかも善悪を知らないかのように行動し、その行動は常に善であったということなのです。無限の愛と自由のなかでは、善は無選択であり、行為即善です。それが堕落によって、人間は善と悪を比較によって知り、善を選ぶか、悪を選ぶかの選択を常に迫られる存在となりました。

堕落後、人間は善と悪を知り、いわば額に汗して、一歩一歩着実に努力し、悩み、悲しみ、泣き、笑い、喜び、学ぶ存在となったのです。

初め人間は、善と悪に関しては、行為即善でしたから、労苦を知らない存在でした。いまや労苦を経て、善と悪を学び、生きていく存在となりました。人間は労苦を経て、謙遜、感謝を、再び身につける存在となったのです。また愛と知恵も労苦なくして学ぶことはできなくなりました。このような労苦をなめ尽くした人間が、最初に創造された人間が持っていた、ある種の脆弱さを持たない完全な存在となるように導く、これが神の計画でした。

その「計画」とは何ですか?　あるいは神はどのように人間を導いていくのでしょうか?

神は常にポジティヴです。悪をも人間にはわからない精妙な方法で、善に役立つように創造性を発揮します。これが神の「摂理《せつり》」です。そして神は人間のなかに「良心」を創造することによって、人間の堕落に対して用意したのです。

でも人間は、摂理の働きを直《じか》に見ることはできません。それを見ると自由意志を犯されたと感じて神を呪い、ついには否定するからです。そして人間は真の愛を知らない存在となるからです。しかし、摂理は宇宙でくまなく働いています。自然現象の背後にも、一人の人間の些細な行動や大それた行ないにも、国の活動にも、戦争にも摂理は働きます。摂理はそこで行なわれる悪にも働き、悪が善に役立ちを持つように仕向けるのです。それが人間には見えません。しかし、見る目があるならば、あとで振り返って摂理の働きに気づくことはできるでしょう。摂理については再度あとで探求しましょう。

良心には、以前説明したように、控えめで、派手なところは一切ありません。そこにも摂理が働いていますが、強制や命令、恐怖はありません。良心は聖なる静寂のうちにあって、人間に気づかれることを忍耐強く待っているのです。

堕落後の人間は、良心を与えられ、それに従って生きていくように、創造が進化したというわけですね。

そして、進化した創造のなかでは、「気づき」が創造のエネルギーをもたらします。「気づき」は即「学び」です。気づきがなければ真の学びはあり得ません。人が気づくためには、まず己の恐怖、暴力性、欲望をありのままに見なければなりません。自分をありのままに見つめることなしに、卑小な自己（自我）から解放されることはありません。卑小な自己を超越したところに「気づき」があります。それは常に（always）、あらゆる方法（all-ways）で、あなたがたに気づかれることを忍耐強く待っています。これが無限の慈悲の現れです。

気づきと創造的進化の関係について、もう少し詳しく説明してください。

いいでしょう。あなたがたは常に、あの時は幸せだった、不幸だった、混乱していた、怒っていた、笑っていたという過去にしがみついています。しかしそれらはすべて幻想です。また、将来いつか幸せになるだろう、不幸になるかもしれない、混乱するかもしれない、病気になるかもしれないという未来への思いも幻想です。過去も未来も、人間の思考のなかだけに存在している幻想なのです。ありのままの自分は、過去や未来の「どこにもない」（nowhere）のです。「今、ここに」（now-here）あるのです。

自分の現実をありのままに見る、それが「気づき」の第一歩です。これが創造的な進化です。このプロセスにおいて、人は躓《つまず》いたり転んだりします。しかしそれは有限な存在が無限の存在に気づくためのステップであり、そこから学ぶことができるように人間は創造されています。

どうか自分を閉じこめている狭い殻を壊してください。それによって、巣のなかにいつまでもとどまらず、やがて自由に大空に飛び立つ鳥のようになることができます。これが「気づき」です。そこは無限の大空《たいくう》です。もはや何かを意識的に選択するという自由意志はありません。無限の愛と知恵の躍動と一体となり、自由そのものとなるからです。

人間は過ちを繰り返しながら学び、成長するように創造が進化したのですね。そして「気づき」のなかに、真の愛と自由があるのですね。しかし人間は、賢明で愛情深いこともありますが、愚かで、自分勝手で、常に過ちを犯し、懲りることを知りません。そんな負の面も持ち合わせています。これはだれでもちょっと反省してみれば思い当たる節があるはずです。そんなことはないと言う人は、自己欺瞞の罠に陥っているのです。そして賢明で愛情深いということ自体、自己欺瞞かもしれません。人間は技術的な知識や科学的な知識においてはたしかに賢明でしたが、「愛」においてはまったくの失敗者でした。このことは歴史から明らかです。

そんなにあなたがた自身を責めないでください。責めるのではなく、事実をありのままに見つめ、その状態に気づくことが大切です。そしてその状態にあるものを手放すことを学んでください。そこからあなたがたの変容、あるいは真の創造がはじまります。

たしかに、堕落以後の人間は、不完全であることは事実です。いわば泥にまみれていることは事実です。その泥を落とすのに、だれか他人に洗ってもらおうとする人はいないでしょう。その泥は人間自身が自分で洗って落とすほかありません。神は人間にその能力を与えています。その能力を使うのは人間です。ただひざまずいて「神よ、助け給え」と祈るだけでは何も変わりません。人間の協力があって初めて、泥を落とすことが可能になるのです。泥まみれの自分のありのままを見つめながら、泥を落とす作業は人間の一生の間続きます。これが人間の労苦であり、学びのプロセスです。

人間は最初、完全な存在として創造されました。しかし、堕落以後、労苦して完全な存在となるように創造が進化しました。つまり人間は、完成されるべき存在となったのです。

人間が何かを学ぶとき、過ちを繰り返しながら学んでいきます。そして、一つの学びが終わると次の学びに移行します。こうして学びながら、人間は自分自身の創造性を発揮するようになるのです。あなたがた人間は、無限の創造的エネルギーの映像だからです。

人間の歴史に神の奇跡はあるか

たしかに、人間は学び、創造性を発揮しますが、それを、不幸を作り出すために使っているようにも見えます。人類の歴史は、悲惨と苦しみ、理不尽の繰り返しでした。そこから私たちはいろいろなことを学んだはずですが、ちっとも不幸はなくなりません。

そこで人は問います。「神はその全能をもってなぜこの悲劇を止めないのか」と。人間の歴史過程に対する神の直接介入への期待です。「神がいるならこの悲劇はないはずだ」とも自問します。正しい者が理不尽な死を迎え、悪い者が枕を高くして栄えるのです。これは歴史がはじまって以来現在に至るまで、ありふれた現象であり、問いでした。この問いにあなたはどう答えられますか?

あなたがたは「正しい者」と「悪い者」という区別をしますが、神の目からは両者に分け隔てはありません。それに外なる宇宙での外面的な幸不幸は一時的なものです。問題とされるべきは、内なる宇宙に住むあなたがた自身の生命の姿です。ですからあなたがたの外なる宇宙での悲劇が、必ずしも内なる宇宙での悲劇ではないのです。その逆も言えます。死を超えた永遠という観点から見ると、きちんと帳尻が合います。しかし今はあなたの素朴な疑問を、外なる宇宙における「神の奇跡」の存在という点から探求してみましょう。

神はあなたがたの悲劇をなぜ直接止めないのか、なぜ奇跡を起こさないのかということですね。まず、奇跡は常にあなたのまわりで起きていることを知ってください。ふだんあなたがたはそれに気づくことはめったにありません。また、明らかに奇跡としか言いようのない話が、世界各地で起きていることも聞いているでしょう。これらは、言うならば善が善を呼ぶ奇跡です。しかしこれらの奇跡について、あなたがたは「それは幸運な偶然が重なっただけだ」と言うかもしれません。そう思うことは、あなたがたの自由意志が保持されている証拠なのです。でも、少なくとも「幸運な偶然」に感謝してください。反対に「奇跡」を信じることができるのならば、あなた自身にそういう「奇跡」が起きることを期待しないでください。「期待」は往々にして幻想を招くからです。大切なことは「奇跡」を信じたり、期待したりすることではなく、あなたが思考の紡ぎ出すあらゆる幻想から解放されることです。

しかし、あなたが聞きたいことは、もっと大きな奇跡、たとえば悪を善に変えるというような奇跡のことですね。これは起きません。なぜなら、人間の自由意志に関わってくるからです。もし、神が人間の不正を正そうとして、奇跡的な方法で歴史に介入する存在だったらどうなるでしょうか。この場合、歴史は存在しなかったはずです。

また、奇跡で悪人を善人に変えたとしたらどうなるでしょうか。この場合、その人は存在できなくなります。なぜでしょうか。まず、人間の悪は絶えず神によって排除されるのですから、人間には悪を選択する自由がなくなります。したがって人間の行なう善は、自由な選択の結果ではなく、いわば強制によって行なわれる行為ということになります。そこには自由意志はありません。こうして人類の歴史は、その初期の段階で、終わりを告げていたことでしょう。そして人類は滅びていたはずです。これが人類の歴史に、奇跡によって神が直接介入しない理由です。

しかも第一章で明らかになったように、神の全知全能は秩序をもって働いています。これは宇宙のさまざまな法則としてあなたがたの目には見えます。そして無限の存在は法則そのものです。神が自らの法則を破ることなどあり得るのでしょうか？　しかし、あなたがたから見て宇宙では偶然に見えることも起きます。この偶然の背後で働いているものが全知全能の秩序の別の現れ方です。これが「摂理」です。それを「偶然」と呼ぶことは、あなたがたの自由です。神は人類の自由意志を犯さず、奇跡によってではなく、「摂理」によって導いているからです。

奇跡は人を根本的に変容させることはできません。もし変容させることができたとしても、一時的なものです。人間は、喉元をすぎれば熱さを忘れる存在だからです。

なるほど。それに、そういう奇跡があったら、人間は努力しなくなりますね。

そのとおりです。奇跡は人間の学びを妨げるのです。人間は自分に与えられた力で学ぶことができます。そうして学んだことは一時的なものではなく、永続的なものとなるでしょう。これは無限の創造のプロセスに参加するということなのです。そして人間は完成に向かって創造的に進化していきます。

創造的な進化の過程で、人間は何が善で、何が悪かを知り、そのどちらかを自由に選びます。つまり良心の声に耳を傾ける学びの過程のなかで、自由を知るのです。自由のないところに生きる喜びや愛はありません。人間がその自由意志を用い、損得勘定もせず、功利的な目的も持たず、善を愛するがゆえに善を行なうという、積極的な選択がなされないところには、ほんとうの善はありません。その逆に、悪が自由意志で選択された場合、人間が悪を存在させたことになります。そこから人間の苦労と悲惨がはじまります。

善と悪の狭間《はざま》に立った人間が、自由意志で善を選ぶことに、神の栄光と喜びがあるのです。

神の摂理とは

それでは個人レベルで日常茶飯に起きている、悲劇や悲惨、悲しみ、悩み、労苦から、神はどのようにして救い出してくれるのでしょうか？　そこに奇跡はあるのでしょうか？

「なぜ、私がこんな目に遭《あ》わなければならないのか、何か私がこんな目に遭うような悪をなしたのか、この悲惨な現実の原因は私にあるのか」と人は自問します。この感情は自分の愛するものを失ったときや、自分が理不尽でひどい目に遭ったときに、だれにも湧きます。

あなたがその悲惨さのなかにあるとき、そのときこそ、奇跡のときであることに気づいてください。あなたがそこで学ぶことができるのは、真の愛だからです。しかしここで問いたいのです。人間はほんとうに「愛」を知っているのでしょうか、と。たとえば、愛する者を失ったとき、人間がまず感じることは悲しみであり、絶望です。それは当然のことです。しかしいつまでもそこにとどまると、いつか自分が絶望していることに絶望するようになります。これが事態をさらに悪化させます。ですから自分が絶望のどん底にいると思ったら、その下はないのですから「上」を見上げてください。そして絶望する思考を手放してください。

そこから人間の学びのプロセスがはじまります。人間は自分自身で努力して最悪の状況を抜け出さなければなりません。そうしてこそ、徐々にほんとうの愛を学んでいくことができます。生きる勇気、希望、喜びを新たに獲得していくことができるのです。摂理は最悪の状況さえも、最善の状況へ向かうようにと働いているからです。

あなたが悲惨な状況に陥っても、そこから立ち直ることができれば、あなたと同じような状況にある人に対して心の底から共感できるようになります。これが学びのプロセスであり、神の摂理の働きの現れ方です。そしてあなたは真の愛に目覚めることができるのです。

真の愛を知らなかった者が真の愛に目覚める、これがほんとうの奇跡ではないでしょうか？

たしかにそのとおりかもしれません。真の愛に目覚めれば、すべてが変わると思います。それこそ、ほんとうの奇跡だと思います。

しかし、人間の体験する悲劇、悲惨は神の与えた「試練」のようにも見えるのですが？

まず、神は決して人間に試練を与えません。それは自分の外側からきたのか、自分が招いた結果なのか、どちらにせよ試練の原因は人間の側にあります。試練は人間の思考が生み出した幻想、迷妄からきます。幻想と迷妄にとらわれている人間は、自己憐憫《れんびん》に陥ります。

試練を克服するには、まずこの自己憐憫の罠に陥った自分を、ありのままに見つめなければなりません。自分の今の状態をありのままに受け入れなければならないのです。何も分析せず、抵抗もせずに見つめてください。抵抗や分析は思考そのものですから、新たな葛藤を招くだけです。そして一切の怒り、恐怖、絶望、憎しみ、悲しみといった思考のざわめきから離れなければなりません。こうして、自分をいわば「空《くう》」にするのです。するとそこには、無限の聖なる静寂が現れてきます。神の摂理はこの静寂のなかで働きます。

神はその静寂のなかで、どのように私たちに働きかけているのですか？

神は試練の原因がどこにあるのかを人間に悟らせるのではありません。まして、人間を批判したり、非難したりすることは絶対にありません。神は、試練を通して人間が成長するように、人間に気づかれないように導いていきます。これが神の摂理の法則です。こうして人間は試練を通して愛を学んでいくことができます。試練を克服した人間は、自己憐憫を克服し、他人への思いやり、勇気、希望、感謝、謙譲さを持って新しい人間として生まれ変わります。そこには以前にはなかった愛の力強さが存在しています。
「この世に神も仏もあるものか！」。これは人間の絶望の叫びです。この叫びは、人間が人間であるかぎり、絶えることはないでしょう。しかし、人間にはこの絶望を克服していく力が与えられています。自分だけが悲劇の主人公ではありません。自分以外にも絶望のどん底に突き落とされている人は、それこそ限りなくいます。
そこに気づけば、自分の絶望を克服し、試練で勝ち取った愛と勇気を、別の絶望に沈んでいる人に、自分なりの方法で惜しみなく分け与えることができるのは、その人自身であることに気づくことができるはずです。そうでなければ愛を学んだ意味がないのではありませんか。

絶望しているときは、自分以外のことは考えられなくなってしまいます。それを克服するのが試練だ、とおっしゃるのですね？　試練についてもう少し詳しく教えてください。

たとえば、どんなに間違ったことでも、楽しさのともなうことから抜け出すのは苦痛です。薬物中毒の人が、薬物から抜け出すことが容易でなく、そこから立ち直るためには大きな苦痛をともなうのに似ています。このようにあなたがたは自分の卑小な自我に慣れ、そこは居心地がいいゆえに、卑小な自我から解放されるには苦痛がともないます。この苦痛の大きさは人によってそれぞれです。しかしこの苦痛は、解放への試練と見ることもできます。

しかしほんとうの試練は、あなたが善と真理に気づき、自分の悪と誤謬、すなわち憎しみやねたみ、復讐心、軽蔑、傲慢などあらゆる欲望を手放そうと決意したときに訪れます。たとえ自分では善人であると思っていても、そういう悪と誤謬はあなたがたの無意識に隠されていることが多いのです。そして何かのきっかけで隠されていた悪が刺激され、心の表に出てきます。

たとえば、善と真理に感動し、そのなかで生きたいと願っていても、人から悪口を言われたり、暴力をふるわれたりすれば、あなたはそれに対抗しよう、あるいは復讐しようとさえ考えるかもしれません。ここに試練があります。そしてそういう悪を手放そうとするときに苦痛が生まれます。なぜならそういう悪は、古い自分の生命を構成していたからです。そういう自分に気づき、古い自分から離れ、新しい人に変容することが試練であり、学びと創造のプロセスなのです。

前に言ったように、試練そのものは、決して神からはもたらされません。人は試練のなかで、悪と誤謬という幻想と戦います。人は、試練を神の善と真理によって戦うことができるのです。しかし、実際に戦うのは人ではなく、神です。人が自分でその戦いを戦っていると見えるのは外観なのです。しかしこの外観がなくては、人は試練を戦い抜くことはできないことも事実です。そうでなければ、人は試練から学ぶことはできないからです。そして試練において、自分のために戦い、勝利したのは神であることを学ぶことができるのです。

しかし、試練のなかで、神にどんなに祈っても、祈りはかなえられないように見えるのですが……。

試練のなかで働くものは、神の無限の愛と知恵、恩寵です。たとえ試練から解放されたいという祈りが通じていないように見えても、すでに祈りはかなえられています。その祈り自体が神からきているからです。ここに気づいてください。そしてここが大切なポイントなのですが、自分の悪に気づいていない人は、決して試練を経験することはありません。ですから試練のさなかにあること自体が、実は祝福なのです！　なぜなら、そこから愛を学ぶことができるからです。

試練において神は、通常以上の臨在をもって人間の間近にいます。そして人を励まし、力と勇気を注いでいます。これは、人間には感じることができないかもしれませんが、試練のなかで神の援助を求め、神の愛と知恵を思い起こすこと自体が、神の臨在の証なのです。

人間にこの苦痛と試練が永遠に続くように見えるのは、産みの苦しみに似ています。子どもをまさに産む直前の妊婦は、苦痛に満ちていますが、妊婦は必ず子どもが産まれるということを知っています。そして、その後の喜びも知っているからこそ、苦痛に耐えられるのです。これと同様に、試練のなかで感じる苦痛や絶望の叫びは産みの苦しみなのです。そしてその苦痛、苦悩、絶望から産まれるものは、希望であり、勇気であり、「聖なる存在」とつながった葛藤も苦しみもない「ほんとうのあなた自身」なのです。ここに気づけば、どんな試練も克服できるはずです。

「試練」にはそんなに深い意味があったのですね。人は試練によって学び、成長していくことができるのですね。あなたの話しを聞いて、なんだか勇気と希望が湧いてきたような気がします。この勇気と希望を忘れないようにします。

勇気と希望は常にあなたがたの上で輝き、あなたがたに気づかれることを待っています。そのことも忘れないでください。

幸福とは何か

今まで、人間の不幸と、その原因について学びました。その不幸は克服できるものであることも知りました。では、不幸の反対の境地、幸福とは何でしょうか？　健康で、暮らしに困窮せず、子どもに恵まれ、人生の楽しみを味わうことでしょうか？　自分と人を比較して、「自分はあの人よりもまだましだ」と考えることが幸福なのでしょうか？　真の幸福とは何でしょうか？

それはたしかに幸福の一つの形かもしれません。しかし、健康や暮らし向きはうつろいやすく、昨日幸福だった人が、今日不幸になることは日常茶飯事です。そういう物質的な豊かさに依存した幸福が真の幸福と言えるでしょうか？　また、人と比較して自分の幸福を感じることは、利己主義の極みです。邪悪とさえ言えます。そうやって得られた幸福感は、真の幸福とは何の関係もありません。

あなたがた人類は一体であることを思い出してください。たとえば、あなたが幸福で、あなた以外の全人類が不幸だったら、それでもあなたは幸福と言えるでしょうか？　それでも幸福であると言うならば、そういう幸福はあなたを邪悪にさせるだけです。むしろ逆に、あなた以外の全人類が真に幸福だったら、自分が不幸であることはないのではありませんか。また、あなたが真に幸福であれば、それはあなた以外の人にも伝わるのです。

幸福の源泉は神にあります。神は自分の創造物が幸福のとき、さらに大きな幸福を感じることができるのでしょう。なぜなら無限の愛と知恵である神は、幸福そのものだからです。神が愛と知恵ならば、人間が幸福になることを願っているはずです。これは人間についても言えることです。自分以外の人が幸福であって、初めて人間は幸福なのです。自分の幸福は人の幸福があって成り立つのです。

そこまではわかります。しかし、真の幸福とは何でしょうか？

自分のちっぽけな自我が作り出す幻想や迷妄から自由であること、そして自我を超越した真の愛に目覚めることではないでしょうか。あなたがたは目覚めることによって変容します。大げさに聞こえるかもしれませんが、あなたが目覚めれば世界は変わることはたしかな真実です。あなた以外の人も目覚めるのです。なぜならあなたは世界であり、その目覚めは世界に伝わるからです。

愛はどのように学ぶことができるか

真の幸福は真の愛のなかにあることはわかりました。では私たちが真の愛に生きるためには、具体的にどうしたらよいのでしょうか？　あるいは、日常のなかで愛はどのように現れるのでしょうか？

現代ほど「愛」という言葉があふれている時代はありません。「愛」をテーマにした本や映画が盛んに製作され、どれもヒットしているようですね。なぜこんなにも「愛」がもてはやされるのでしょうか？　それは現代ほど「愛」に欠乏した時代はかつてなかったからです。お金に困っている人がいつもお金のことを考えているように、愛に苦しみ悩んでいる人はいつも愛について考えています。でも、ほとんどの人は「愛」について知りません。

絶望や悲しみ、あるいは恨みや憎しみを超えたときこそ「真の愛」を学ぶことができるのですが、ほとんどの人は愛を学びそこなっています。つまりそういうネガティヴな状態に溺《おぼ》れてしまうのです。ですから本や映画の世界に感動や慰めを求めるのです。私はそのことをとやかく言うつもりはありません。しかし問題は、本や映画にある非日常の愛ではなく、実際の日々の生活のなかでどのように愛を学び、どのように愛を行なうか、ということにあります。

ここにそのためのヒントを二つだけ挙げてみます。これは愛の基本的な形です。それは「一緒にいること」、「心配すること」です。これには本や映画にありがちな派手な熱情はありません。静かな情熱にあふれた愛の行為です。真の静寂のなかでこそ学ぶことのできる愛です。

えっ、愛が「一緒にいること」、「心配すること」とは、拍子抜けするくらいに簡単ですが、どういうことなのかよくわかりませんが……。

「一緒にいること」とは、「いつもそばにいる」ということです。物理的距離は問題になりません。あなたがだれかを愛しているならば、たとえ離れていても、あなたはいつもその人のことを思いやっているはずです。反対にあなたがだれかを愛していないならば、たとえその人の近くにいても、心は遠く離れているのではありませんか？　つまり「一緒にいません」。そこに愛はありません。ですから愛は「一緒にいること」なのです。

また「心配すること」とは不安を持つということではありません。「心を配る」ということです。あなたがだれかを愛しているならば、その人のためにいろいろと心を配り、その人のためによかれと思うことを行なうのではないでしょうか？　反対にあなたがだれかを愛していないならば、その人のことを心配することはありません。つまり「心を配りません」。ですから愛は「心配すること」なのです。そしてこれら二つは、実は一つのことなのです。つまり、一緒にいるならば、心を配りますし、心を配っているならば、一緒にいることと同じだからです。

またこれら二つのことは、神の愛の基本でもあります。神は全人類といつも一緒にいます。なぜなら無限の存在は遍在しているからです。また、神はいつも全人類のことを心配しています。なぜなら神はその無限の摂理によって、全人類に心を配っているからです。

そして、これら二つのことからほかのさまざまな愛の形や行為、すなわち忍耐や許し、思いやり、自己犠牲などが生まれてきます。あなたがたが愛に迷ったとき、この基本に立ち返ってみてください。そうすれば自分が真の愛にいるのかどうかがはっきりわかるはずです。


驚きました！　愛がこんなに簡単だったとは……。でも、愛については失敗ばかりしている私たちは、どうやって愛を学ぶことができるのでしょうか？

しかし愛については、簡単なことほど、あなたがたにとってそれを行なうことは難しいのです。なぜなら簡単なことは見過ごされやすく、軽く見られがちだからです。でも日常のなかで、いつもこの二つのことを自分自身に問いかけてみてください。「私はあの人と一緒にいるだろうか？」「私はあの人に心を配っているだろうか？」と。そうすることによって、自分を見つめ直すことができ、さまざまな愛についても学んでいくことが可能となります。

あなたがたは生まれ落ちてから、いろいろなことを学びながら成長していきます。そこには過ちや失敗があり、それらを徐々に克服しながら学んでいきます。何かの知識であれ、技術であれ、生き方であれ、人間は失敗を繰り返しながら学んで成長していきます。それならば人間にとって最も大切な愛についてはなおさらのことです。

人間は愛についても、失敗や過ちを繰り返しながら学んでいきます。先に言いましたように、愛は失敗や過ちからだけではなく、絶望、憎しみ、悲しみ、悲惨といったネガティヴな状態から、最もよく学ぶことができます。そこからは隣人愛のような崇高な形の愛を学び取ることさえできるのです。

そういうネガティヴな状態から学ぶことのできる愛とは、何でしょうか？

先に言いましたように、ひと口に愛といっても、いろいろな形の愛があり、愛には、ほかの知識、技術を学ぶときなどのように、マニュアルや教科書はありません。さまざまな体験を通して学んでいくしかありません。これは一種の訓練です。愛の訓練です。

たとえば人からいわれのない非難をされたときどうするでしょうか。その人に怒りをぶつけるでしょうか。それが普通の反応かもしれません。

しかし、これを愛の訓練と考えれば、対処する方法は違ってきます。

たとえば、まず忍耐することです。忍耐は「一緒にいること」「心を配ること」の「持続」であり、愛の形だからです。そうすれば相手に対し、冷静に自分に対する誤解を解いていくことができます。その際重要なことは、相手の誤解が解けたら、逆に相手を責めないことです。相手を心から許すことが大切なのです。なぜならあなたもそういう間違いを犯してきたかもしれませんし、これからそういう間違いを絶対犯さないとは言い切れないからです。

ここに愛の学びがあります。許しも愛です。許しは、この例における忍耐に続く二番目の愛の訓練です。許しは「一緒にいること」「心を配ること」の「確認」だからです。こうして毎日の生活のなかで愛を学んでいくことができるようになります。

あなたがたは、日常のいろいろな体験を通して愛を学んでいくのであり、一挙に愛のすべてを学ぶことはできません。愛については徐々に成長していくしか方法はないのです。そして「今、ここ」にあり、聖なる静寂のうちにある真の愛に気づいたとき、あなたが学んだ愛はたしかなものとなります。

神の忍耐のほんとうの意味

忍耐や許しが愛の形であることはわかりました。それでは、無限の愛である神の忍耐とはどういうものなのですか?

人間の歴史のネガティヴな面を見ると、悲惨や悲劇の繰り返しでした。前に言いましたように、そこには、あなたがたの目に見えるような神の介入はありませんでした。これは神の不在を意味するのではありません。神の忍耐を示すものなのです。

神の忍耐がなければ、そもそも人間は創造されなかったはずです。なぜでしょうか。無限の神は、人間がどういう存在になるかをあらかじめ見ていたはずです。したがって神に忍耐がなければ、そういう存在は初めから創造しなかったのです。

しかし、忍耐は愛の一つの形であり、神が無限の愛と知恵ならば、神は無限の忍耐そのものです。神は人間がどういう存在になるかをあらかじめ見ていたにもかかわらず、人間を創造したのは、一つには、無限の忍耐をもって人間を導くという決意があったからでしょう。これが、人間が大きな罪を背負っているにもかかわらず存続している理由なのです。

人間を導く神の忍耐によって、人間はどうなっていくのでしょうか?

人間は自由意志によって神を知り、愛を学んでいくように創造されています。その学びのプロセスのなかで、神は人間を励まし、勇気づけ、希望を与えます。そこにはなんら強制、命令、恐怖はありません。人間にはあたかも自分の力によって愛を学んでいくように見えます。しかし、実際に人間を導いているのは、神の無限の忍耐なのです。

何かの愛を学んだあと、人間は「これは自分の力によってできた」と思うかもしれません。しかし、それは自己満足へと導き、人間の内なる宇宙への目を閉じてしまいます。そして愛の重要な一つの形、謙虚さを失うことになります。

愛を学んだあと、神を知ることができれば、謙虚さを失うことはありません。そして、愛のもう一つの重要な形、感謝を学ぶこともできます。こうして人間は傲慢にならず、学んだ愛はその人のものとして、その人に根付くことができます。

人間には悪を選択する自由もある

今までのお話しを聞いているうちにまた疑問が生じてきました。神はなぜ、人間を、罪を一切犯さない存在として創造しなかったのでしょうか？　善と真理である神が創造した世界で、なぜ悪と誤謬が存在できるのでしょうか？

この問題は前に答えたはずですが……。いいでしょう、さらに別の観点を加えて納得するまで何回でも答えましょう。

繰り返し言ってきましたように、それでは人間に自由意志を与えないことになるのです。自由意志のないところには、愛も憎しみも存在しません。そして自由意志のないものは、もはや人間ではありません。ですから人間には悪を選択する自由もあるのです。これは神の「許しの法則」です。神の許しがなければ世界には何も存在し得ません。

神は、青空を黒雲が覆うことを妨げませんし、オオカミが獲物を求めて徘徊《はいかい》することを妨げません。これらはすべて何らかの「役立ち」を持っているからです。ましてあなたがたが何かを作り出すことを妨げるでしょうか。あなたがたが作り出した悪と誤謬でさえ、「役立ち」を持つことによって、その存在を許されているのです。あなたがたは悪と誤謬から、より鮮明に善と真理を学ぶことができます。よちよち歩きをはじめた子どもは、転んだり躓いたりして歩くことを学んでいきますが、一度も転んだり躓いたりしないように、親が常に干渉していたら、子どもはいったい歩くことを学ぶことができるでしょうか。

「許しの法則」という言葉は初めて聞きました。それについてもっと教えてください。

あなたがたがこれまで誤解してきたように、神は怒る存在でもなく、裁いて滅ぼす存在でもありません。そのように言われたり、書かれてきたりしたのは、あなたがたが神に対し怒り、裁いたことからくる外観なのです。あなたがたの悪は、空中に真上に投げ上げた石のように、あなたがたの頭上に落ちてきます。それが神の怒りと裁きのように見えるのです。しかし神にはそういう心はどこにもないのです。愛と知恵には、怒りや裁きはあるでしょうか？　無限の寛容と無限の理解があるのみです。あなたがたが真の理解を持たず、間違いを犯すからといって、神が怒るでしょうか。裁くでしょうか。あなたがたでさえ、自分の子どもの悪行を許すではありませんか。ましてあなたがたの父であり、母である神が、あなたがたを許さないでおくことがあるでしょうか。

神の怒りがあなたがたの役に立つなら、神はそのように見えることを許します。神の裁きがあなたがたの役に立つなら、神はそのように見えることを許します。このようにすべてのものには「役立ち」があり、そこには「許しの法則」が働いているのです。

すると、これまでにイメージされてきた「怒り、裁く神」というのは、私たちの勝手な思い込みにすぎなかったのですね。しかもそれは、私たちの「神に対する怒りや裁きの外観」であるなんて想像もしていなかったことです。

しかし、私たちから見ると絶対に許すことのできない悪が存在します。たとえば大量殺人や、何の罪もない人を陥れたり、殺したりする行為です。それについても、神は許すのでしょうか？

神はすべてを許します。無限の愛そのものには怒りも裁きもありません。それがあなたがたには耐えられないのです。耐えられず、結局その悪を犯した人が自分自身を裁くことになるのです。ですから悪にはそれ相応の報いが必ずあります。自分が蒔いた種は、自分が刈り取らなければならないのです。

しかし、そのような行為に対するあなたがたの怒りと裁きは正当です、もしそこに善と真理があるならば。でも善と真理がなければ、あなたがたの怒りと裁きは、あなたがた自身に返ってくることに気づいてください。こうして悪は際限なく続き、怒りと裁きも際限なく続くのです。だから怒りと裁きのあとには、許すことを学んでください。あなたがたの怒りと裁きは、復讐のためではなく、それ以上の悪を生ませないための予防措置であり、善と真理を失うことに対する恐れであることを悟ってください。

「罪を憎んで人を憎まず」と、あなたがたの言葉にもあるように、怒りと裁きのあとには、許しを与えるのです。あなたがたはもともと一つであり、神の許しの法則は分け隔てなく一人ひとりに働いているからです。

でも、どうしても怒りや憎しみから解放されないときはどうしたらいいのでしようか？

人間は一時の怒り、復讐心、憎しみから悪を選択することもあります。しかし、そんなときは「許しの法則」を思い起こしてください。その選択のあとで「許し」を選択することを学んでください。許しを学ばなければ、怒りや復讐心は新たな怒り、復讐心を招くだけです。こうして際限のない自我と自我のぶつかり合いがはじまります。それを止めるのは許す心、愛です。

また、悪意を持った悪の選択もあります。自分の欲望や復讐心を満足させるために行なわれる悪です。この場合、その選択をした人が「許しの法則」に目覚めることは容易なことではなくなります。快楽とともに行なわれた悪は、その人の生命に根付いてしまうからです。この場合、神の摂理は、その人がそれ以上の悪をなさないように静かに見守り、どんなに無視されようとも忍耐強く、その人が悔い改める学びの機会を与え続けることになります。

悪の選択がなされたあとに私たちが発見することは、「愛」と「学び」のあり方です。ここに許しの法則が働いているのです。

人間はなぜ創造されたか

　ここで再度、疑問がわいてきます。神はなぜ、悪を行なうような人間を創造したのかという根本的な疑問です。私の思考はしつこくここにもどってくるのです。その疑問にもすでに答えているはずですが。いいでしょう、ここでまた最初に立ち返って探求してみましょう。そして再確認してみましょう。

　神による宇宙の創造は気まぐれではなく、神の愛と知恵による必然でした。それ自身で充足している愛と知恵というものは無に等しく、愛と知恵の対象が存在して初めて充足するのです。その対象が人間であり、宇宙は人間を存在させるために創造されたのです。そして人間は神の愛と知恵を受け継ぐ器として創造されました。つまり神が人のなかに、人が神のなかに住むようになる存在として人間が創造されたのです。人間はこの恵みに「今ここで」気づくことができます。そのように創造されているからです。しかしこの恵みに気づくことができなければ、人間は自分のなかに悪を存在させてしまうこともあるのです。これは人間の有限性に原因があります。人間は有限であるがゆえに悪を行なうこともあり、逆に有限であるがゆえに神は人のなかに、人は神のなかに住むように創造されています。それは創造の目的でもあるのです。

それ以上の目的はないのでしょうか？

人間は一人では生きていけません。ほかの人間との交流や、ほかの人間の支えがあって初めて生きていけるのです。人間どうしのつながりは、人間が生きていくにはどうしても欠くことのできないものです。ですから、人間はお互いに離れているように見えても一体であり、また、そのように創造されているのです。

こうして人類全体は神の前に一人の人間のように立ち現れます。

神は一人の人間としての人類全体のなかに住み、人類全体は一人の人間として神のなかに住む、これが創造の目的でもあるのです。

でも、そうだとすると、私というユニークな個性を持った存在は、全体のなかに消えてしまうのではありませんか？

個人が全体のなかで消えることはありません。独自の個性をもって、神と一体となり、また人類全体とも一体となるのです。一体となることは個性の喪失ではありません。

人間一人ひとりの個性が輝かなければ、人類全体の一体性を保つことができないからです。

人間一人ひとりに無限の多様性がなければ、神の無限性を映し出すことができないからでもあります。これはちょうど一人の人間の身体を構成する細胞の一つひとつが、独自の個性を持ちつつ、一つの身体の一部として身体全体と一体であるのに似ています。

あっ、そうか！　人間の身体は、もともと受精の瞬間には一つの細胞でした。これが徐々に分化していき、目は目の、心臓は心臓のというように、それぞれ独自の個性と役割を持つ細胞として進化し、しかも人間の誕生時には、細胞全体は一つの身体に統合されています。そして、どの細胞もかけがえのないものであるように、各個人もかけがえのない存在なのですね。

そうです。このように、人類が一体であることは、各個人の消滅を意味するものではありません。無限の多様性を持つ人類が一体となってはじめて、各個人の個性が輝きを増すのです。また、その逆に、各個人の個性が輝いて、全体も輝くのです。

神の映像としての人間

ここで、もう少し人間の有限性の問題について詳しく知りたいのですが。

人間はほんとうに有限で限られた存在なのですか？　というのは、有限には必ず、その有限さの程度の問題がついてまわるはずだからです。限りなく無限に似ている有限なのか、それとも、はっきりとした限界がどこかにある有限なのか、という疑問があるのです。

あなたがたの有限は、神の無限とは比較できません。あなたがたの有限は、実質、無です。つまり人間は、神の無限性そのものを持つことはできない、という意味なのです。しかし、人間は神の映像となるように創造されました。したがって人間は、神の映像として創造されつつあり、映像として無限と言えるのです。

えっ、なんだか矛盾のようにも聞こえるのですが？

矛盾ではありません。よく考えてください。無限の愛と知恵の神が、その創造の目的である人間に、ケチくさいことをすると思いますか？　実際に神は、人間にそのすべてを与えようと望んでいます。しかし、無限で完全なものは一つであり、そこから無限で完全なものが創造されるとしても、もとの無限で完全なものと同一なのです。したがって神は自己の映像となるように人間を創造するほかになかったのです。そして神がそのすべてを人間に与えるために、神は人間と一体になるように創造したのです。

しかし、人間の無限性については、信じられないという人が多いでしょう。「自分はあれができない、これができない、自分には無理だ」とふだん思っている人が多いと思いますが……。

神は人間に対してケチくさいことはしません。「今の自分は微力かもしれない。しかし、不可能だと思えることも、いつかはできるようになるかもしれない」と考えてみてください。自分の可能性を狭い枠に閉じこめず、常にオープンにしておけば、無限の創造的エネルギーに触れることができるからです。そして以前では考えられなかったような、途方もないことが達成できるかもしれません。あなたがたは神の映像となるよう創造されつつあるからです。

人間はなぜ間違うのか

でも、神の映像となるよう創造されつつある人間は、無限の可能性を持っていたとしても、頻繁にミスをします。神はミスをしません。というよりミスをすることが不可能なのでしょう。しかし、ミスをしない神が、しょっちゅうミスをする人間を創造したのはどういうことなのでしょうか？　それは神のミスではないでしょうか？

あなたはまだ、創造の目的を悟っていないから、同じようなことをいろいろな言葉、観点から新たに質問してくるのですね。人間がミスをする理由は、あなたがたがすでに完成され、創造された存在ではなく、有限で創造されつつある存在であることから明らかではないでしょうか？

私たちが有限で、創造されつつある存在ならば、ミスをするのは当然であるというわけですね。でも、これは私だけでなく、ほかの人も同じような疑問を抱くと思うのです。しつこいようですが、なにしろ私にはまだ、あなたのように内なる宇宙を見ることはできず、思考のざわつきから解放されていません。

わかりました。繰り返しは別に悪いことではありません。あなたがたは、繰り返しながら学んでいく存在だからです。

初めからミスをしない人間の創造が神の目的ではないのです。多くのミスをしながら学び、成長していき、完成に向かっていく人間がその目的なのです。これは人間と神のいわば協力作業です。そして人間は、完成に向かって自分自身を創造していくのです。ですから人間が多くのミスをすることは、創造の最初から織り込み済みでした。

全知全能の神はなぜ、最初から人間を、ミスをしない存在として創造しなかったのでしょうか。その場合、人間は人間らしさを持たないロボットのような存在になったはずです。そこにミスはありませんから、悲しみや苦しみはあるはずがなく、したがって喜びや幸福も存在しないはずです。これは創造の目的に反します。神の幸福、喜びを人間と分かち合うことが創造の目的だからです。

神は創造の最初から、その全知全能によって、人間がミスを犯すことを見ていました。と同時に、喜びと幸福に満ちた完成された人間の創造をも見ていたのです。人間がミスをすることによって、苦しんだり悲しんだりすることを見て、神はそれを自らの苦しみ、悲しみとしました。と同時に、人間がミスから学び、成長することによって完成に近づいていく姿を見て、神は自らの喜び、幸福がさらに大きくなることを見たのです。

でも、ミスをし、罪を犯す人間を創造したことに、神は後悔していないのでしょうか？　人間は、自分の行ないの結果が、自分の予測と違うと後悔します。また、過去のミスや愚行を後悔します。

人間の後悔にはさまざまな種類がありますが、それらはすべて人間の学びと成長にとって必要な糧《かて》です。人間は後悔しますが、神は決して後悔しません。初めからすべてを見ているのですから、後悔から学んで成長した人間の姿も見ているはずです。

神は後悔するのではなく、先見し、導くのです。後から悔やむのではなく、人間を学びと成長に導き、完成された人間の姿を前もって見て喜ぶのです。これが神の先見と導きによる、神と人間の協力関係なのです。

こうしてみると、人間の犯したミスや罪は、人間の汚点ではなく、ましてや神の汚点でもありません。それらは、人間の学びと成長の糧となり得る可能性を持っています。そしてそこには、神の愛と知恵の無限の配慮が働いているのです。

では、人間と神の決定的な違いとは何でしょうか？　私たちは神とともに生きることが可能なのでしょうか？

すべての人は神とともに生きています。そうでなければあなたがたは存在し得ないからです。しかし、そのことに気づかないか、無視している人が多くいます。なぜそうなるのかは、あなたがたが長年培ってきた自我の特徴に原因があります。思考と外観に惑わされた自我、すなわち「エゴ」とはどういうものなのか、本来神とともに生きているはずのあなたがたと、神との違いはどこにあるのか、ほんとうの意味で神とともに生きることは可能なのか。次章ではこれらについて、これまでだれにも語られることのなかった、まったく新しい視点から探求しましょう。

I
天使との対話

II
宇宙創造の目的

III
自由意志

IV
「なる」から「ある」へ

V
永遠の生命

VI
空なる器

VII
「仕える存在」の知恵

なるようになる
それは自然の道だ
「ある」に気づく
それは自然を超えている
そこに至る道などない
出発点も行き先もない
はじまりも終わりもない
永遠の今、それがある

「なる」から「ある」への道

人間と神の違いには、有限性と無限性の違いのほかにどんな違いがあるのでしょうか？

あなたがたは何でも比較したがります。そして自分と人が、どう違うのか常に気にしています。そこからあなたがたは、欲求不満を感じることさえあります。しかし、まず、今のあなた自身を見つめてください。たとえば何らかの能力において、あなたが人より勝っているとか、劣っているとかを比較することは、優越感や劣等感を生むだけではないですか。比較や分析をせず、今のあなた自身を見つめ、学び続けることのほうが、大切ではないでしょうか？

これに対し、あなたがたの有限性と、神の無限性は、比較することに何の意味もありません。あなたがたは、時間と空間に縛られ、神はそれを超越しています。比較は、時間と空間のなかで生まれます。しかし、時間と空間を超越しているものは、どんなものとも比較できません。したがって比較に意味はありません。

それでは質問の仕方を変えます。私たちはどんな存在で、神とはどんな存在なのですか？　これまでに語られなかった観点から説明していただけますか？

わかりました。前章の最後であなたと約束したことを探求してみましょう。あなたがた人間は「なる（becoming）」存在です。神は「ある（Being）」存在です。

えっ！　それだけですか？　それでは何のことか、まったくわかりません。

ほんとうはもうこれ以上言うべきことはないのですが、あなたがたの思考に沿って、もう少し探求してみましょう。

人間だけでなく、この宇宙は、すべて「なる」存在からできています。この「なる」を特徴づけるものは「時間」であり、「空間」です。宇宙空間そのものは、時間とともに拡大膨張し、星々も時間と空間のなかで進化し、地球上の生命も、時間と空間のなかで進化してきました。これらはすべて「なる」存在です。

「なる」は時間と空間の制約を受けています。しかし「ある」には時間と空間の制約はありません。「ある」にとっては過去も現在も未来も、「今」、「ここ」にあることなのです。英語で言うと、〝now〟〝here〟ですね。この二つの単語をくっつけると、〝nowhere〟となります。つまり、それは宇宙空間のどこでもない、どの時間でもない、「今、ここ」に存在する、これが「ある」ことの意味です。

人間は「なる」存在ですが、「ある」を受け入れ、感じることはできます。それには人間の小さな自分、つまりエゴを離れなければなりません。エゴがあるところには、「ある」は入ることができないからです。

では、私たちのエゴの特徴とは何でしょうか?

それはあなた自身を見つめてみればすぐわかることです。エゴは時間と空間のなかにありますから、比較が可能です。すなわち、エゴには大小があります。エゴが大きければ大きいほど、人間は自分には力があり、賢いと思いがちです。しかし事実は正反対です。人間のエゴは、いつかは破裂するゴム風船のようなものです。

普通の人間は、エゴというゴム風船のふくらましっこをして生きています。自分はどんなに知識が豊富か、どんなに稼いでいるか、どんなに尊敬されているか、どんなに体力があるか、どんなに健康か、どんなに美しいかと。エゴの目指すところは、それこそ限りがありません。私はこれらを批判したり、非難したりはしません。それが自然のまま、ありのままのあなたの姿ですから。でも、エゴの終着点を見つめてほしいのです。

エゴが作り出す思いはいつか、張りつめた風船のように破裂してしまいます。エゴとはそういうものであり、いわば幻想なのです。「ある」状態は、そういうエゴとは関わりがありません。「ある」ことそのこと自体が、祝福であり、喜びです。そこに怒り、恐怖、憎しみ、欲望は、入り込むことはできません。「今、ここ」に「ある」とはそういうことなのです。

そうおっしゃっても、私たちはエゴから逃れることはできません。どうしてでしょう？　どこに問題があるのでしょうか？

あなたがたは「なる」ことに汲々として、「ある」ことのすばらしさや、その存在にも気がついていません。これは「なる」ことを否定しているのではありません。人間を含めた宇宙のすべては「なる」状態にあり、そこから完全に逃れることはできないからです。問題は、「なる」ことが、エゴの拡大再生産を繰り返すことにすぎなくなっていることにあります。「なる」を第一にしていては、いつか「なる」の罠にはまってしまい、しかもそのことに気づかないままでいる可能性があります。これがエゴの拡大、膨張につながっていくのです。だから「ある」を第一義にしなければならないのです。まず「ある」があって、その次に「なる」がこなければ、いつまでもエゴの環から抜けられません。

人間がこの世で生きていく以上、「なる」は必要ですが、それはあくまでも「ある」が第一にあっての話だ、ということですね。では「ある」状態がほんとうに体現できているならば、「なる」状態の際限のなさは終わるはずだ、ということですか？

「なる」については説明するまでもないでしょう。日々の生活に必要な物からはじまっていろいろな物があります。これがほしい、あれがほしい、こうなりたい、ああなりたいという状態です。でも、そこに「ある」がなければ、この「なる」はエゴの怪物となってしまいます。「なる」のままでは、その状態に振り回されて、際限のない「なる」の循環にとらわれてしまいます。もっとほしい、もっとなりたいという状態です。そして破裂です。これが「なる」に縛られた状態です。あなたがほんとうに「ある」を体現していれば、すでに際限のない「なる」を生み出す思考から抜け出しています。

宇宙のすべてのものは「なる」状態にあると言われましたが、もう少し詳しく説明してください。

宇宙の自然な状態は「なる」です。宇宙がはじまって以来、水素やヘリウムが集まって星になり、星が集まって渦巻く銀河になり、銀河のなかの星が爆発して消滅し、そこで生まれた新しい元素と水素とヘリウムが集まって新しい星になり、その星が惑星を持つようになり、その惑星の上に複雑な有機物ができ、それが生命になり、その生命が絶滅を繰り返しながら、別の新しい生命になり、惑星の大気が時々台風やハリケーンになり、というような「なる」の繰り返し、拡大再生産です。このプロセスにはエゴはありません。ただ「なる」ようになりゆくだけだからです。
このように自然状態の「なる」は、宇宙の進化の原動力です。「なる」ようになる、それが宇宙です。ところが人間のエゴは、「なる」ようになるだけでは満足できません。それが文明を発達させてきました。そしていま、超大国の核による均衡の時代が終わったとたん、核によるテロの恐怖におびえています。まだ、戦争を消滅させることにも成功していません。ある意味で人類は、かつてないほどの危険な瀬戸際に立っているのです。

人間のこの状態は自然の営みの一つなのでしょうか？　危険な瀬戸際とは、人類が絶滅するかもしれないということですか？

エゴに振り回されることは、本来のあなたがたの姿ではありません。そこに気づいてください。しかし、もしすべての人間がその小さくて狭量なエゴを捨てられなかったとしたら、人類を待ち受けている未来がどうなるかは明らかではありませんか。

では、どうしたらエゴを捨てることができるのでしょうか？

その方法は簡単ですが、なかなか実行できないというのが、あなたがたの現実です。それは簡単なことはいつでも実行できると、先延ばしにしているからです。どうか「今、ここ」ですぐ実行してみてください。そういう人々がたとえ少数でもいれば、世界は変容します。人類はすでに一体ですから、少数の人々の真の善は、世界に伝わるのです。どうか、ソドムとゴモラの教訓を思い出してください。

ソドムとゴモラの教訓とは、たとえ滅びに瀕していようとも、わずか十人の善人がそこにいれば、ソドムとゴモラは救われたであろう、という旧約聖書の話でしたね。私たちの状況はそんなにひどいのですか?

ソドムとゴモラは神に滅ぼされたのではありません。自ら滅んでしまったのです。真の善のないところ、人間を支配するものは醜いエゴとなるからです。あなたがたの状況は、あなたがた自身がよく知っていることではないでしょうか。

人間は「なる」ことを追求してここまできました。そして今、自ら滅びようとしています。これを回避するには、神の奇跡を祈るのではなく、人間一人ひとりが「ある」ことを求め、その状態に入らなければなりません。それを妨げているのは、あなたがたの狭量なエゴです。

あなたがたは神の映像であり、神の愛と知恵を受けることのできる器です。ですから狭量なエゴを手放し、「ある」を体現することは本来、簡単なことのはずです。そこに気づいてください。

私たちが本来、神の映像であり、神の愛と知恵を受けることのできる存在であるとはすばらしいことですが、現実の私たちの姿にはいつも幻滅させられます。でも神は、人類が絶滅するようなことは許さないのではありませんか？　あなたは何度も「神は無限の愛と知恵である」とおっしゃったではありませんか！

本来のあなたがたの姿に目覚めてください。あなたが幻滅させられている現実とは、すべて思考が作り出した幻想です。しかし、人類が目覚めることをかたくなに拒んでいるかぎり、危険は去りません。神は無限の愛と知恵だからこそ、あなたがたの自由意志を決して踏みにじらないからです。そこに気づいてください。

たとえ少数であっても、目覚める人がいれば、その目覚めは世界に伝わります。そこに滅びを回避する道があります。こうしてあなたと私が対話をしていることも、あなたがたの目覚めを促すささやかな試みです。この対話によって、あなたは目覚め、そしてこの対話を読む読者も目覚めるでしょう。そしてあなたがたは変容し、世界も変容するのです。

あなたのお話しを聞いて、私の心は恐ろしさで震えています。私にはそんな責任の大きさに耐えられそうもありません。

あなたの責任は、この対話をまとめることです。未熟でまだ幼い魂のあなたにはそれで十分です。でも、あなた自身の問題として、この対話によってあなたが目覚めることを願っています。

それを聞いて、ホッとしました。そうでなければ、これ以上対話を続けることは、私にとってつらいことです。では質問を続けさせてください。

宇宙で真に「ある」のは、神のみであると、おっしゃいました。でも、神が愛と知恵ならば、また、人間が神の愛と知恵を受ける器ならば、神は人間にも「ある」ことを求めていて、それはそんなに難しいことではない、というわけですね。

では、「ある」という状態はどんな状態で、どういうふうにすれば「ある」状態に到達できるのでしょうか？

人間は「なる」のチャンピオンです。あなたがたの世界では、「なる」ことに失敗した人は、負け犬のレッテルを貼られます。失敗した人は、そこで自己憐憫、自己嫌悪の罠にはまります。だから人はそこから脱出しようとして、新たに「なる」ことを目指します。

「なる」ことに成功した人は「自分はできる」とナルシシズム（自己陶酔）の罠に陥りがちです。そういうナルシシズムは無慈悲です。愛を知りません。だから成功者は、さらに上を目指して「なる」ことに努力します。

失敗するにせよ、成功するにせよ、人は「なる」ことから逃れられないように見えます。したがって、「ある」状態に達するために、あなたがたはまず、「なる」ことからはじめざるを得ません。

これが古来あなたがたが取り組んできた「修行」とか「苦行」とか言われるものです。仏教ならば座禅やさまざまな行、キリスト教ならば清貧と純潔の誓いを立てて修道院にこもって修行したり、砂漠や洞窟に退いて瞑想したりしてきました。ヒンズー教やほかの宗教でも、同じような修行を積み重ねている人々が昔だけでなく、現在も至る所にいます。

人間は古来、さまざまな修行を工夫してきました。これらはすべて「ある」状態に達するための「なる」の行為です。修行としての「なる」を積み重ねると、いつか「ある」状態に達することができると信じてきたわけです。

ここで「なる」のチャンピオンである人間は挫折を味わいます。いくらそういう修行を積み重ねても、「ある」状態に達することはできないからです。たまに「ある」状態をかいま見ることはできるかもしれません。しかしそれはほんの一瞬であり、持続することはありません。しかもそれは本物の「ある」なのか、ただそのように見えるものなのか、判別できないこともあります。いずれにせよ、そういう状態は記憶に蓄えられます。しかしその記憶は、過去という時間のなかにあって、生きているものではありません。

「なる」状態である修行をいくら積み重ねても、「ある」状態に達することはできない、ということですね？　絶望的ですね。では、どうしたらいいのですか？

あなたの「どうしたらいいのか?」という質問自体が、まだ「なる」に縛られています。「どうしたら?」「どうやって?」と、そこに至る何らかの行為を探してそれを行なっても、「ある」状態には決して到達できません。

「ある」状態は、「今、ここに」ということでした。「今、ここに」へは、「なる」を時間のなかで積み重ねても到達できません。どこにもない(nowhere)から到達しようがないのです。「今、ここに」は〝now〟〝here〟でもありました。つまり〝now〟〝here〟は到達されるべきものではなく、「気づく」ものなのです。

その「気づき」をどう説明しますか?

「気づき」を説明しようとすると、気づくためにはどうしたらよいのかという発想になります。結局そこにまた「なる」が現れます。説明しようとすると、同じ円周を走り続けるような悪循環に陥ってしまいます。

この気づきは、努力の結果のご褒美として与えられるものではありません。あるとき、パッとひらめき、いわば天啓のように立ち現れるものなのです。しかし外なる宇宙に住むあなたがたにとっては、それを持続させることは難しいことです。あなたがたは物質的な感覚のなかで生き、それに基づいた合理的な思考のなかで生活しているからです。それに対し、「ある」状態はこの合理的な思考の上に存在し、それを超越しています。

修行もあまり役に立たず、気づきも訪れないとしたら、私たちが「ある」状態を体現することは、絶望的なことに思えるのですが？

いいえ、真の愛のうちにあって、聖なる静寂のなかで、暖かく輝いている希望に気づいてください。ふだんの生活に追われているあなたがたには、「ある」を経験することは、めったにない祝祭のようなものです。しかし、ふだんの生活のなかでも、注意深く周囲をありのままに見ていれば、「ある」のひな形を見つけることができます。

花を見、空に浮かぶ雲を見、鳥のさえずりを聞き、チョウの羽化を見、ペットの遊ぶ姿を見、雨の一滴一滴の音を聞き、陽の光と影の舞いを見、赤ちゃんの寝姿を見、あらゆることに注意深く目を見張り、耳をすましてください。そうすればそこに「ある」ことの映像が自ずと立ち現れてくるはずです。

つまり「ある」は、どこでもない(nowhere)、今ここに(now-here)、常に(always)、あらゆる方法で(all-ways)、すでに(already)、すべて用意されて(all-ready)いるのです。その意味で、「ある」状態は、あなたに気づかれることを待っているのです。

あなたがたは「なる」、すなわちbecomingですが、Be-comingでもあるのです。つまりあなたがたは「来るべき『ある』存在」なのです。ですから、あなたがたの本来の姿は「ある」

なのです。あなたがたはそのことに目覚めていないだけです。

人間は「システム」を超えられるか

驚きました。私たちが「来るべき『ある』」存在 Be-coming であるとは……。でも、「なる」にとらわれている人間は、結局そこから抜け出せないと思うのですが……。たとえば、私たちには毎日の生活があります。そこで主役を演じるのは、「なる」であり、「ある」ではありません。そうしないと基本的に生きていけないからです。私たちの社会はこうなっているのです。

それはあなたがたの作り出した「システム」についてのあきらめですね。でも、よく考えてください。外なる宇宙でなりゆくものはすべてシステムです。そしてあなたがたも、自分の外側にシステムを作り出し、それに縛られて生きています。

あなたがたが「こうあるべきもの」と考えたものはすべてシステムになってしまいます。あなたがたの家庭、学校、社会、国、国際関係、政治、宗教、イデオロギーなどには、すべて「こうあるべき」という信念がつきまとっています。この信念がシステムを作り出すのです。

しかし、システムがなければ社会は成り立たないのではありませんか？

私はシステムを否定しているのではありません。それは、社会が正常に機能していくためには必要です。しかし、「こうあるべき」という信念が、システムを至上のものとしてしまうのです。そういう信念は無慈悲です。そこからシステムは無慈悲なものとなり、あなたがたは自分たちの作り出したシステムの奴隷となってしまうのです。ここから信念と信念のぶつかり合い、闘争がはじまります。それは個人間のいがみ合いから、国と国の争い、場合によっては戦争にまで発展するものなのです。

では、私たちはどうしたらよいのでしょうか？

あなたは「どうしたら？」と聞きます。しかし、それは新たな「こうあるべき」という信念を生み出すだけではありませんか？

それでは、私たちには、そういうシステムの奴隷状態から解放されるために打つべき手はないというわけですか？

そうです。あなたがたが現在のシステムが気に入らないからといって、それを壊したとしても、別の新たなシステムが作られるだけだからです。そこでは再び闘争がはじまるでしょう。

それでは、私たちは絶望して途方に暮れるしかないではありませんか！

いいえ。システムとは何かについて、もう少し探求してみましょう。

まず、あなたがたの思考や身体もシステムです。これらにははじまりがあり、病気や事故、あるいは自然のなりゆきによって、いつか必ず終わりを迎えます。これは宇宙のシステム的なものすべてに言えます。太陽系にもはじまりがあり、いつかは終焉し、生物の種にもはじまりがあり、いつかは絶滅します。あなたがたの作り出したシステムにも必ずはじまりと終わるときがあります。このようにすべてのシステムには、はじめがあり、終わりがあります。

しかし、内なる宇宙を生きているあなたがたの「魂」には、はじめも終わりもありません。なぜでしょうか。それは時間と空間を超越し、システムではないからです。

魂がシステムであれば、それは計測できるものとなりますが、だれもその重さや長さを測ることはできません。それは愛と知恵の形だからです。愛と知恵は計測できますか？　計測できるものならば、それは、真の愛と知恵ではありません。そして愛と知恵に終わりはありますか？　もし終わりがあるとするならば、それはシステムの一つであり、真の愛と知恵ではありません。ですから、あなたがたの「魂」は、システムではありません。

さらに、無限の愛と知恵を受ける器であるあなたがたの魂に終わりがあるとすれば、あなたがたは無限の愛と知恵を受けることはできないのではありませんか？　そしてあなたがたは、無限の愛と知恵を映し出す形として創造されているのです。愛に終わりがあるとするならば、それは真の愛とは言えません。知恵に終わりがあるとするならば、真の知恵とは言えません。あなたがたはこの厳粛な事実に気づくことによって、外なる宇宙であなたがたを支配しているものに毅然として立つことができるはずです。

そうか！　愛がなくては、すべてのシステムは無慈悲となるのですね。そしてシステムのなかにいざるを得ない私たちは、真の愛に気づくことによって、「ある」に気づき、内なる魂の自由に気づくこともできるのですね。

そうです。システムのなかにいるあなたがたに、真の愛があれば、システムは無慈悲から解放されます。これは、政治や教育など、すべてに言えることです。
あなたがたはシステムの欠陥を直すべく声高に改革を叫びますが、結局、システムを動かすのはあなたがた自身です。あなたがたに真の愛がなければ、どんなシステムも腐敗します。ですから、あなたがたは「今ここにある」ことに気づかなければ、いつまでもシステムの奴隷であることから逃れられません。

神の名と遍在

「なる」ことにこだわり続ける危険性についてはわかりました。そして私たち「なる（becoming）」存在が、「来るべき『ある』（Be-coming）」存在でもあるならば、「ある」に気づくことは難しいことではない、というわけですね。

「なる」についてはは十分わかりましたが、「ある」については十分に説明されたとは思えませんが……。「ある」についてほかに言えることはありませんか？

「ある」についてもう少し探求してみましょう。「ある」に気づくとはどういうことなのか、別の面から光を当ててみましょう。

それは神の「名」と関係しています。もしあなたが「神の名」を教えてほしいと聞いたならば、神は「私はある（I AM）」と答えるはずです。

えっ、実に奇妙ですし、意味もわかりませんが……。

これは、実は難しいことではありません。「ある」と「なる」の議論を思い出せば、神の名前として当然であることが理解できるのです。まず、「ある」に気づくとは、どういう意味でしょうか？　それは、神の「遍在」に対する気づきなのです。

第一章で説明したように、遍在とは、あまねくあること、つまり空間にあり、時間を離れてあらゆる時間にあることを言います。無限の存在がこのような性質を持っていました。そしてそれは永遠とも呼ばれています。前にも言いましたが、永遠とは時間の延長ではありません。そのように見えるのは外観です。時間を超越して永遠に「ある」存在、はじめも終わりもない存在、それが無限の存在であり、ありとあらゆるところ、あなたがたの外と内のありとあらゆるところにあるがままに存在しています。

したがって、「私はある（I AM）」と答える神は、「私はあなたがたとともに永遠にある」という意味を含んだ名前を述べているのです。またそう宣言できるのは神のみでしょう。

そうか！　神はその「名」によって全宇宙における「遍在」を宣言しているのですね。

そうです。また、神の名と人間の名との決定的な違いも、この名に表されています。人間の名前には、ふつうその由来があり、意味もあります。しかし神の名には、その由来、意味について何の説明も必要ないのです。

なぜでしょうか。神はそもそも人間のように創造された存在、あるいは創造されつつある存在ではないからです。したがって神に由来はないからなのです。

また意味については、まったく明白です。しかしその明白さに、あなたがたは面くらい、かえって意味を把握しそこなうのです。
あなたがたはこの「名」を知ることによって、神の遍在を知り、神のなかにいることができるのです。

「ある」と神の名の関係については驚くべきことを教えていただきました。でも、私はまだ、あなたの名を知りません。教えていただけますか？

私の名を教えることはできません。それは神と私だけが知っていることだからです。私の名を教えても、あなたがたの言葉では、それを発音することはできません。また、その意味もあなたがたの言葉で説明することは不可能です。ただ言えることは、この名は、神が私に与えてくださったということだけです。
もし、あなたがたが私の名前を知ると、あなたがたはそこからいろいろな妄想を抱きます。そして多くの混乱を招きます。その結果は分離であり、階級であり、不和であり、闘争です。ですから私の名前を教えることはそういう混乱をもたらすことになるのです。私は「仕える者」です。あなたがたが知るのは、それで十分です。

それでも知りたいのです。この対話を公開するときに、こういう名前の「仕える者」と対話したと言うほうが説得力を増すからです。

私の名前を知ったとしても、それがこの対話の価値を決めることになるのでは、対話の内容を損ねる結果に導くだけです。なぜならあなたがたは、名前に弱いからです。あなたがたは内容ではなく、名前で判断することが多いからです。

でも、あえて私の名をあなたがたにわかる言葉で表すとすれば、nobody です。つまり、no-body、「身体ではない」となります。

それはほんとうの名前ではないですね。名前だとしたら、実に奇妙です。わかりました。これ以上、名前のことであなたを煩わすことはやめにします。

Ⅰ
天使との対話

Ⅱ
宇宙創造の目的

Ⅲ
自由意志

Ⅳ
「なる」から「ある」へ

Ⅴ
永遠の生命

Ⅵ
空なる器

Ⅶ
「仕える存在」の知恵

あなたは海であり、その波しぶきであり
海の上に限りなく広がる青空であり
そこを自由に舞う鳥であり
鳥を運ぶ風であり
風を起こす太陽の熱であり
熱によって燃えるハートであり
そのハートは愛を求める
そしてあなたは悟る
「私は世界だ」と

天使はなぜ去ったように見えるのか

＊＊＊

無限について、「仕える者」と対話をしていくうちに、人生の根本的なことについて、神と宇宙について、さまざまな疑問が氷解していった。でも、それは知性の領域を超えてはいなかった。何かが足りないような気がした。それは何だろう？　そして「仕える者」はいつの間にか去って行ったように思えた。

＊＊＊

あなたは悩んでいますね？　思考の環のなかで堂々巡りをしているようにも見えます。

ああ、よかった。もどってこられたのですね。もうあなたは永遠にもどってこられないかと思っていました。

私はあなたを置き去りにしたりしません。常にあなたとともに、どこにでもいます。それが「仕える」ということの意味です。でも、あなたが自分自身の殻に閉じこもってしまうと、私はあなたのそばにいても、あなたは私に気がつきません。このことは、あなただけでなく、ほかのだれにでも言えることです。私や私たちの「兄弟」は、常にあなたがたとともにいます。こうして、あなたがたの宇宙と、私たちのいる内なる宇宙は結ばれているのです。今、こうして私があなたの前にもどってきたように見えるのは、あなたが心を開いたからです。

それでは、また、あなたと対話ができるようになったのですか？

あなたの心が私たちに開かれているかぎり、いつでも対話ははじめられます。

知的理解と「ハート」による納得の違い

これまでの対話で、私はずいぶんあなたに啓発されました。でも、疑問、というよりは、私のなかには、まだ「何かが欠けている」と感じている部分がありま す。

それは、あなたの知的な心の問題ではありませんね？

そうです。知的には、不十分ながらも、ある一定の理解に達しました。このもやもやとした感じはそれ以外のことからきているのでしょうか?

あなたは知的理解に達したと言います。でも、「知ること」自体と、知ったことをもとに、「生きる」ことは、まったく別の次元にあるのです。それが、あなたが感じていることの原因です。

すると、その原因は私の「ハート」にあるのですね?

そうです。あなたの知的理解に「ハート」があれば、あなたは「愛」のなかで生きることができます。でも、「ハート」がなければ、あなたが知っていることは、何の役にも立ちません。「ハート」がなければ、知らないほうが、まだましなのです。

では、「ハート」を持って、つまり「愛」のなかで生きるにはどうしたらよいのですか?

愛と平安と

前にお話ししたように、「愛」は一挙に学ぶことはできません。転んだり、躓いたりしながら学んでいくしかありません。たとえば、学校で学んだ知識を、すぐに社会に役立てるように応用することができますか？　まして、「愛」についてはなおさらのことです。「愛」については、あなたの知らない、学ぶべきことがまだまだたくさんあります。あなたは、その学びのプロセスのなかで「ハート」を持つようになり、「愛」のなかで生きることができるようになります。

でも、私は「愛」をいつも感じていたいのです。

あなたが感じたいと願っている状態は、浮き浮きとした気分のように見えます。でも、「愛」に生きることは、お祭り騒ぎに参加することとは違います。真の愛は、聖なる静寂のうちにあるからです。それが「平安」です。平安は、あなたの心に静寂がないかぎり、ありません。そして、真の平安には派手なところは一切ありません。

では、平安を得るにはどうしたらよいのでしょうか？

真の平安も、それを獲得したり、そこに到達したりすることのできない状態です。あなたの思考が、不安や怒りや欲望でざわついているかぎり、平安ではあり得ません。それらを消滅させようとしても、そう考えること自体が、思考のなせる業ですから、それらはあなたの思考から消えません。かえってそれは、火に油を注ぐようなことなのです。

たしかに、いろいろなことで思考がふさがっていると、平安などあり得ないのはわかります。当たり前のことのようにも思えます。

しかし、あなたがたは、思考をふさいでいるものから自由になるという、当たり前のことができないのではありませんか？　ですから、そういう思考自体に向き合って、まず直視してはどうでしょうか。このとき、何の判断も、先入観も、偏見も持たずに見つめることが大切です。先入観や偏見は、思考そのものですから、直視することを妨げるからです。そうやって直視すれば、あなたを焼き尽くそうとしている思考のざわめきは、自ずと消えていくはずです。そして思考のざわめきのないところに、平安があるのです。

すると、その平安はどこからやってくるのでしょうか？

平安はやってくるものではありません。あなたの上に広がる青空を見て、あなたはそれがどこからやってきたかと、思いをめぐらしますか？　青空はすでにそこにあるのです。平安もすでに、あなたの上に、あなたの内に、聖なる静寂のうちに限りなく広がっているのです。

そして、真の平安は、真の愛とともにあるのですね？

そうです。そして、あなたの知的理解は、平安によって「ハート」を持つようになります。そのプロセスは、徐々に静かに進みます。そこに派手なところは一切ありません。ですから真の平安とともにある真の愛には、熱狂的なところは一つもありません。聖なる静寂が無限に広がっているのです。だからいつも、注意深く、あなた自身と、あなたのまわりを直視していてください。そうしないと、またあなたは、思考のざわめきに支配され、平安は消え去ることになります。

恩寵とは

以前あなたは、「恩寵《おんちょう》」という言葉を使われたことがありました。一般に考えられているところでは、これは「神の恵み」というような意味だと思うのですが、ほんとうはどんな意味なのでしょうか？

無限の愛と知恵である神が、宇宙に働きかけ、それが顕《あらわ》れることを恩寵と言います。もちろん、神の恵みという意味も含まれています。でも、もっと広く深い意味を持っています。平安も、神の愛と知恵の顕れですから、恩寵です。ですから、恩寵は、聖なる静寂のうちに、神の愛と知恵が宇宙に顕現したものと言えます。

では、神の恩寵は宇宙にどのように顕れるのですか？　もう少し詳しく説明していただけますか？

これまでの対話で明らかになったように、宇宙が神の愛と知恵から創造されたならば、宇宙は神の恩寵に充ち満ちていることに、何の不思議もないはずです。実際、あなたがたは常に恩寵に取り囲まれています。しかし、そのことに気づいていません。そこから、不安や、怒り、悲しみ、絶望が生まれてきます。

神が恩寵として、宇宙にどのように顕現するかを語る前に、宇宙創造について、前には話さなかったことを明らかにしていきましょう。

宇宙創造のもうひとつの秘密

神は無限の愛と知恵であることはもう理解できたことでしょう。その具体的な顕れは、外なる宇宙よりも、内なる宇宙においてはまったく明白です。内なる宇宙では、無限の愛と知恵は神において統合され、無限の熱と光として神から発出しています。あなたがたはしばしば、熱と光という言葉を、愛と知恵の比喩《ひゆ》として使っています。たとえば、「燃えるような熱い愛」とか、「光り輝くような知恵」とか、このほかにもたくさんの表現がありますね。

しかし、熱と光は、内なる宇宙では、比喩ではありません。内なる宇宙の熱は、神の愛の顕れです。光は神の知恵の顕れなのです。その熱と光は、無限の輝きを持つ太陽のように神から発出しています。そして、神から発出した愛と知恵は、段階を追ってやわらいでいきます。これはちょうど、太陽の熱と光が、その距離に応じてやわらいでいくことに似ています。

驚きました。熱と光は、内なる宇宙では比喩ではなく、愛と知恵そのものだ、ということですね。では、無限の愛と知恵、熱と光はどうやってやわらいでいくのですか?

やわらいでいく様子は、大きなスケールで見ると、状態の異なる三つの層を形成しているように見えます。

最初の段階は、神の愛と知恵そのものの顕れです。これはいわばすべてを焼き尽くす炎のような段階です。これが神から発出する愛と知恵の第一層です。次に、愛と知恵の第一層がやわらぐにつれ、それは神の善と真理から構成される第二層となります。善と真理は、神の愛と知恵の第一層が、いわばやわらいだものですから、その本質は、依然として神の愛と知恵です。さらに、この善と真理の第二層がやわらいでいくにつれて、神の「良いこと」「正しいこと」から構成される第三層となります。この第三層の本質も、神の愛と知恵であることには変わりありません。しかし、この三段階は内なる宇宙にいる存在から見ての外観です。なぜなら神は最大のものにも最小のものにも常に同一だからです。

内なる宇宙に存在しているものが受け入れることのできる状態はそれぞれ違います。それが第一層であったり、第二層であったり、第三層であったりするため、このような違いがあるように見えるのです。でも、それぞれのものは、自分が受け入れることのできる最大の状態にいます。それはその人の生命の状態、すなわち愛の状態に応じています。

神の愛と知恵は大きく言うと、三段階を経てやわらいでいくのですね。この三つの層の間に、優劣のような関係はあるのですか?

神から発出する愛と知恵の第一層、第二層、第三層の関係には、優劣はありません。神の愛と知恵がやわらいでいく様子は、太陽の熱と光が、距離に応じてその強さが変わっていくことにもたとえられます。そこには創造的エネルギーの強さの違いはありますが、優劣の関係はありません。それは神の愛と知恵を受け入れる器の状態を反映しているにすぎません。そしてこれら三つの層は、神の創造的無限性の一つにつながった三つの必然的な顕現《けんげん》なのです。

これは一人の人間にたとえることができるでしょう。すなわち、人間の魂、肉体、活動にたとえられます。人間の魂が持つ愛と知恵は、善と真理としてその肉体に反映され、人間は魂から肉体を使って「良いこと」を、何が「正しいこと」なのかという観点から行ないます。この三つのものには、まさに優劣の関係はなく、この三つが一体となって人間は活動するのです。

人間のすべての活動には、ある形をともなった結果がついてまわります。結果が人間の活動の究極の顕れとなります。これと同じように神の無限の愛と知恵の顕現は、必然的に形を持った究極的な結果を生み出さざるを得ません。これが宇宙の創造なのです。

すると、宇宙の創造は、神の無限の愛と知恵、つまり恩寵の顕れであり、その究極的な顕現なのですね？

そうです。神の愛と知恵が宇宙という形に顕れているのです。宇宙の創造は、神の活動のいわば最後の姿であり、形となっているのです。これが究極的な顕現の意味です。ここで注意しなければならないのは、前にもお話ししたように、創造という言葉からイメージされるものは、神による宇宙の創造には当てはまらないことです。

人間が何かを創造するときは、その作者が意図しなかったような予期せぬ結果が必ずつきまとってきますね。たとえば、あなたが絵を描いたとして、これを他人に見せたらどう思うか、どう感じるかなど正確に予測することができるでしょうか。ましてその絵が将来どのように評価されるかなどは、作者のあなたは知るよしもないでしょう。人間の創造活動から、宇宙の創造を類推することは間違いなのです。

神による宇宙の創造とは、神の無限の愛と知恵の必然的な顕現でした。また、神にとっては過去も未来も永遠の現在であり、人間にとっては無限に広がって見える宇宙空間も、神にとってはどこという特定の場所ではなく（nowhere）、今、ここ（now-here）なのです。そうであるならば、神にとって予期せざること、予期せざる結果は一つもないことになるのです。

それが、神の予見ですね？

あなたの考えているイメージとは違います。実際には予期、あるいは予見、予言という言葉は神のなかにはありません。神にとってはすべてが永遠の現在だからです。それが今ここに、現に在る、これが神にとっての現在なのです。ですから、神は人間のように、予期したり、予言したりすることはありません。もし、神の予言というものがあって、それが真正なものであるならば、それは「こうなる」という未来形ではなく、「こうである」と現在形で語られます。

神の無限の愛と知恵は「すべてを包み込み」、また神の愛と知恵にとっては「すべてが明白」であるからです。

では、神の恩寵は宇宙にどのように顕れるのですか?

宇宙に充ち満ちるものとは

宇宙が神の無限の愛と知恵の顕れであるならば、宇宙は、神の無限の愛と知恵に充ち満ちています。そこで、神の愛と知恵は一つとなって、恩寵という形になって顕れるのです。無限の未来に向かって続くように見える時間、無限に広がっていくように見える空間、そこに光り輝く無数の星々、これらはすべて恩寵です。実際、あなたがたが目にするものは、すべて恩寵です。

地上にあるすべてのものも恩寵です。地球をめぐる風と海、地を覆う花や草木、動物、天高くそびえる山々、青い空に浮かぶ雲、地上に惜しみなく降り注がれる陽の光、雨や雪、これらはすべて恩寵です。神の恩寵は風となって、雨となって、陽の光となって、海となって、花となって、空を舞う鳥となって、風や水に削られる岩となって顕れているのです。

恩寵がそんなに広い意味を持っているとは想像もできませんでした。すると、私たちのまわりに現れている宇宙の現象は、すべて恩寵というわけですか？

そのとおりです。あなたがたは、神の恩寵にまさに囲まれて生きています。あなたがたは、海の水に取り囲まれていることに気づかない魚のように、恩寵に取り囲まれていることに気づくことはめったにありません。そして、ここに気づいてほしいのですが、神の無限の愛と知恵の顕れの一つであるあなたがた自身が、まさに恩寵なのです。海のなかから魚を引き揚げるとやがて死ぬように、あなたがたも、神の恩寵なくしては生きていくことはできません。大切なことは、この充ち満ちている恩寵に気づくことであり、その深い意味を知ることです。

その意味について、教えてください。

たとえばあなたが悩んでいるとき、苦しんでいるとき、悲しんでいるとき、絶望しているとき、傷ついているとき、死にたいと思っているとき、人生が無意味に思えるとき、そういうときこそ、神の恩寵は神聖な静寂のなかで、声にならぬ声、きわめてひそやかな姿であなたを取り囲んでいます。そこに気づいてください。

絶望しているからといって、呼吸が止まるでしょうか、心臓が止まるでしょうか。むしろ肺や心臓、そのほかの身体の器官は、その最後の役目を終えるまで、けなげと言えるほどに十分あなたに奉仕してくれます。

あなたが不幸だからといって、ほかの人すべてが不幸なわけではありません。むしろ幸福な人は、その幸福をあなたに分けてくれ、力になってくれることもあるのではないでしょうか。だからあなたが不幸なままでいるのはよくないのです。あなたが幸福となって、その幸福をほかの人にも分けて、力になってあげなければならないのではないでしょうか。

あなたが不幸だからといって、野の花がしぼむわけではなく、鳥がさえずりをやめるわけでもなく、太陽が暗くなるわけでもありません。これらは、あなたに充ち満ちる恩寵を示してくれています。これらが恩寵であるならば、それらよりもまさっているはずのあなたに、恩寵が欠けているはずはありません。

あなたの存在そのものが恩寵であることに気づけば、どんなときも恩寵のときであることに気づくはずです。ここから「苦しみ悩む者は幸いである」という逆説が生まれてきます。悲しんだり、苦しんだり、悩んだりしているとき、あなたは少なくとも、悲しみ、苦しみ、悩むことができます。そのことに気づいてください。あなたが喜んだり、幸福を感じたりすることができるように、あなたはその反対の境地をも感じることができるのです。そこに気づけば、あなたは自分を取り囲み、生きる勇気を与えてくれる恩寵に気づき、そして自分自身が神の恩寵の顕れであることに気づき、それを知ることができます。だから、どうしたって人間は恩寵から逃れることはできないのです。

でも、「なぜこんな目に遭うのか」と苦しんでいるときは、恩寵を感じることはできないのではありませんか？

あなたが苦しんでいるとき、だれかの慰めの言葉や、だれかの何気ない一言によって、あなたは救われた気持ちになるかもしれません。でも、それはあなたにとって真の慰めにはなりません。あなたの苦しみは、あなた以外のだれかが知ることができないからです。しかし、一つたしかなことがあります。それは、あなたの苦しみをだれも癒《いや》すことはできないということです。あなたにできることは、その事実と苦しみを見つめることです。そして、少なくともあなたは、自分が苦しんでいるという事実、それを真に慰めるものはいないという事実をありのままに見つめることができるのです。この意味を理解できるでしょうか？

それは、私たちは根本的に孤独だ、ということでしょうか？

いいえ。孤独は、そういうあなたがたの状態が作り出した思考の迷妄にすぎません。そのような苦しみのなかにあるとき、あなたがたは「自分は孤独だ」と、思考によって自分のまわりに壁を作り出してしまうのです。ですから、心を静め、事実をありのままに見つめて、ありのままに受け入れてみてください。事実は変えようがないのですから、受け入れるしかないのではありませんか？　受け入れるといっても、その状態に甘んじて忍従するということではありません。いったん受け入れないかぎり、苦しみに満ちた「過去」は死にません。過去が死なないかぎり、あなたは新しい状態に入れません。あなたが真に新しい状態にあれば、そのとき孤独という壁は壊れはじめます。そして、その苦しみのなかで、常にあなたのもとに存在していた聖なる静寂に気づくことができるのです。聖なる静寂のなかでのみ、真の愛があります。真の愛には、真の慰めもあります。この気づきが恩寵です。

恩寵は私たちにとって、どういうときに顕れるものなのですか？

苦しみや悲しみのどん底にあるときこそ、恩寵は鮮明に立ち現れてきます。苦しみや悲しみのどん底にあるとき、あなたは少なくともその苦しみや悲しみを感じることができます。そしてそれは、あなたの存在の証なのです。すなわち、それは恩寵の証なのです。そう、あなたは神とともに在る、という証なのです。

一人ひとりの人間は、初めから恩寵のなかに生まれ、それぞれの時間に長い、短いはありますが、恩寵のなかで成長し、そして恩寵のなかで外なる宇宙を去って行きます。外なる宇宙に、神の恩寵から逃れ得るものは何ひとつ存在しません。そして宇宙のなかで人間のみが、外なる宇宙に充ち満ちている神の恩寵を知ることができます。

宇宙のすべては人間に、常に（always）、あらゆる方法（all-ways）で、すでに（already）、すべて用意されて（all-ready）います。その意味で人間は、神の最大の恩寵と言えます。宇宙は神の恩寵として創造されました。そして人間は神の恩寵が最大に集約された存在として創造されつつあるのです。

では、恩寵という観点から見ると、私が人間であることの意味はいったい何なのでしょうか。

宇宙が神の究極の顕現であることはもう理解できたでしょう。しかし、宇宙の星々や、地上の動植物などは、顕現の一部ではありますが、神の顕現のすべてではありません。この宇宙の顕現のすべては、あなたがた人間に集約されています。あなたがたが自らをミクロコスモスと表現したことは正しいのです。あなたがたは実際、宇宙なのですから。

つまりあなたがたは本来、神の究極の顕れなのです。そしてあなたがた一人ひとりは、神の愛と知恵が注ぎ込まれる器でもあります。神の恩寵のすべては、あなたがた人間の一人ひとりに集約されています。そして神の愛と知恵には限りがありません。この愛と知恵のすべてを、あなたがた一人ひとりに惜しみなく与えることが神の喜びです。ですからあなたがたも、神から受け取った愛と知恵を惜しみなく人に与えてください。

もし、あなたがもう自分は神の愛と知恵でいっぱいだと思っているなら、実際には豊かではなく、貧しいことに気づいてください。だから驕《おご》ることなく、誇ることなく、感謝と謙遜をもって、あなたのなかにある神の愛と知恵を、人とあなたの周りのすべてに与えてください。そうすれば、さらにあなたは豊かに愛と知恵を注がれるでしょう。

私たちが、神の愛と知恵が集約された存在であるならば、神と私たちは、本質的にどういう関係にあるのでしょうか？

人間とは何か

神の無限の愛と知恵、善と真理からは、愛と知恵、善と真理以外のものは発出しようがありません。その発出された愛と知恵、善と真理は、一つに統合され、生命に満ち、生命以外のものではあり得ません。この発出した生命は、神から分離せずに神につながっています。ちょうど磁石の磁力線が、磁石の極から磁石を覆うように発出しているのにたとえられるでしょう。

発出した善と真理は、無限に広がっています。広がるという言葉からは、空間的なものがイメージされるでしょうが、これは人間の限られた思考では、そのように見えるという外観です。神自身の無限を超える無限はあり得ませんから、神の善と真理は、常に、どこにでも、すでにすべて用意され、宇宙の最大のものにも、最小のものにも同一なのです。これが神とその発出する善と真理の無限性の顕れです。

神から発出した愛と知恵、善と真理は結合して形をとります。その形も無限にありますが、もともとは一つです。つまり神自身です。愛と知恵、善と真理は、神自身のなかに一つのものとして統合されているからです。すなわち神は愛それ自体、知恵それ自体、善それ自体、真理それ自体なのです。そして、神の愛と知恵、善と真理は、人間の形として顕れています。

実に、神は人間そのものなのです。古代の人々はこのことから、神を「真の人間」と呼びました。神以外に真の人間は存在しないからです。あなたがたも、私たちも、その映像にすぎません。この映像は神の無限を映し出しています。それゆえ私たちは、神の愛と知恵、善と真理のすべてが注がれる器としてこの宇宙に現れたのです。

これはまったく予想もしていなかった答えです。ショックです。神が「真の人間」であるなんて!

あなたは、神が無限の存在であることから、無限の広がりを感じてしまうのです。そこから神は何かつかみどころのない、無限の空間に広がっている存在としてとらえがちです。たしかに神は、空間を離れて、あらゆる空間に遍在しています。しかし、神は何か抽象的なとらえどころのない存在ではありません。「形」のないものから、あなたがたが目にする「形」のあるものは生まれません。

あなたも私も、神の像として創造されたのなら、神自身は「形」を持った、存在そのものです。したがって、神は「真の人間そのもの」なのです。

これまで多くの人々が神のイメージを誤解してきました。神は、あなたがたの肉体の目で直接見ることはできません。しかし、神は、内なる宇宙にいる私たちには、光り輝く明確な存在として顕現しています。それは、表現を絶しています。真の愛と美、真理が、荘厳な輝きと、神聖さをともなった「形」、すなわち、「真の人間」として私たちの前に顕現します。

もし、あなたがたがこの顕現に出会ったならば、きっと、あなたがたは生命を失ったようにその場に倒れてしまうでしょう。あなたがたは生命ではなく、生命の器だからです。生命の器は、「生命」の前に立つことが困難だからです。でも、そこに恐怖はありません。あるとすれば、それは「聖なる畏怖《いふ》」です。無限の慈悲と無限の美と、無限の神聖さに圧倒されて、神から無限の幸福が流れ込んできます。それに、あなたがたは耐えられないのです。

神が「真の人間」であるとは、そういうことなのですか……。しかし、私はまださきほどのショックから回復できません。宇宙を創造した神が「真の人間」であったなんて……。しかも私たちは「真の人間」の映像であって、神から流れ込む無限の幸福に耐えられないとは……。

そうであるならば、神の前で無に等しい私たちは、どうやって神に近づくことができるのでしょうか?

あなたがたは神の直接の顕現に耐えることはできません。これは太陽の炎にさらされることに似ています。しかし、神は、あなたがた自身よりも、あなたがたに近いところに、穏やかにすでに存在しているのです。そこに気づいてください。この恩寵によって、あなたがたは導かれていきます。人間の魂は内なる宇宙にあり、その身体と心は、外なる宇宙にある完全な存在です。完全な存在ではありますが、完成されてはいません。人間が外なる宇宙で生きていくということは、自らの内なる宇宙と、外なる宇宙の統合に向けたプロセスなのです。このプロセスは恩寵に導かれて進んでいきます。やがて人間が死という内なる宇宙への門をくぐるとき、完成に向かっての新たなプロセスがはじまります。

神の顕現は最初、愛と知恵の第一層、第二層、第三層へと進みました。これが内なる宇宙を構成する神の顕れです。さらに内なる宇宙を取り囲むように、外なる宇宙が神の愛と知恵の究極的な最後の顕現となったのです。そこに、神の愛と知恵の集約された形である人間が、豊穣なブドウ畑に実るブドウのように現れたのです。

人間は神の究極的な顕現のなかで学び、成長します。これが外なる宇宙でのあなたがたの生です。そしてその人の時が来れば、あなたがたは外なる宇宙で身に付けていたものをすべて脱ぎ捨て、内なる宇宙に入っていきます。この全プロセスに働いているのが恩寵です。

人間は神の究極の顕現のなかで生まれ、成長し、恩寵のなかで死の門を越え、神の顕現そのものである神の愛と知恵の第三層、あるいは第二層、あるいは第一層へと導かれていきます。

これはあたかも、人間が神の顕現、あるいは創造を逆になぞることにたとえられるでしょう。それゆえ人間はまず、神の究極の顕現の表象として、物質的な身体をまとってこの宇宙に生まれなければならなかったのです。

「死後の世界」とは

以前あなたは、死は外なる宇宙から内なる宇宙への移行にすぎないと言いました。そして今、私たちは「死の門」を越え、神の顕現の三つの層へと導かれていくとおっしゃいました。

すると、「死後の世界」とは、内なる宇宙のことで、人間は永遠の生命を持っているということですか?

内なる宇宙も、外観は、あなたがたの世界と著しく異なるわけではありません。しかし、これまでに述べてきたような決定的な違いはあります。内なる宇宙の熱は愛の顕れであり、光は知恵の顕れです。そして内なる宇宙は「原因」の世界であり、外なる宇宙は「結果」の世界なのです。この際、「死後の世界」のイメージを一切捨ててください。そこには、あなたがたの思考が作り出した幻想や妄想があるからです。

あっ、そうか！　すると死というのは、原因の世界にもどることなのですか？　つまり、私たちは、原因の世界から結果の世界に出てきて、死によって、いわば原因の世界に帰るわけですね？

外観ではそのように思えるでしょう。もう少し正確に言うと、あなたがたの「存在の原因」は、内なる宇宙にあり、結果は外なる宇宙にあるということです。そして、死は原因の世界にもどることに似ていなくもないからです。

何かはっきりしない言い方だと思うのですが？

たとえで説明しましょう。家、すなわちホーム（故郷）から仕事に出たあなたは、仕事が終わればホームに帰ります。このたとえで「ホーム」とは、内なる宇宙です。仕事に出るとは、外なる宇宙に生を受けることです。仕事が終わるとは、死を迎えることです。しかし、ホームから出る前のあなたと、仕事を終え、ホームに帰るあなたとは、違う存在なのです。これが、死を、単に内なる宇宙に帰ることと表現するのが正確でない理由です。ここを間違うと、あなたがたの思考は、さまざまな妄想を生み出します。

前世や過去世はあるか

その「妄想」とは、たとえば「生まれ変わり」のようなことを言うのですか？

そうです。あなたがたの想像している「生まれ変わり」は、「魂」は、何度も自然界と霊界を往復しているということですね。つまり、あなたがたは「前世」あるいは「過去世」を想像し、今生《こんじょう》に生まれる前は、どこそこのだれかであって、今生が終われば、再びどこそこのだれかに生まれ変わるというのですね。しかし、これは思考の作り出した迷妄です。

でも、生まれ変わりの「記憶」を持っている人が時たまいるようですが。私には、その人たち全員がウソをついているようには思えませんが。また、その「記憶」が正確かどうか、学者が調査してみると、そのとおりであったことが確認されている例がかなりあるようです。

私はそういう経験を否定はしません。あなたがたは経験的なことに縛られ、そこから推理せざるを得ないからです。たとえば昔の人々は、大地は不動で、地球が自転し、しかも太陽のまわりを公転していることを知りませんでした。大地が不動であることは、あなたがたにとって

「経験的な事実」です。しかし「経験的事実」は、「真実」の「外観」であることのほうが多いのです。地球が時速一六〇〇km以上の速さで自転し、時速一〇万km以上の速さで太陽のまわりを公転しているなど、今でも信じがたいことなのではありませんか？

このように経験がもたらす外観を信じると、その奥に隠された真実はなかなか見えてきません。そこからいろいろな憶測も生まれてきます。経験は人を欺《あざむ》くことがあります。でも、経験の奥に潜んでいる真実に気づいてほしいのです。

でも、「前世」を「思い出す」という経験が事実であれば、その原因はどこにあるのですか？

その原因を探求する前に、あなたがたの記憶について指摘しておくことがあります。あなたがたの記憶は、いわばコップの水のなかで攪拌《かくはん》されているたくさんの砂粒のようなものです。あなたがたが生きている間は、砂粒はコップのなかをあちこちに動き回り、コップの水は濁って見えます。しかし、あなたがたが死ぬと、この活動は静止し、やがて砂はコップの底に沈殿します。そしてコップの水は透き通るようになります。なぜこうなるかというと、あなたがたが外なる宇宙で生きた人生の記憶は、内なる宇宙ではその役目を果たせないからです。あなたがたの記憶は時間と空間のなかで形成され、したがって時間と空間を離れてはその役目を果たせません。内なる宇宙には外なる宇宙のような時間も空間もないからです。しかしその記憶自体が消滅するわけではありません。外なる宇宙の記憶は、コップの底に沈殿し、静止します。内なる宇宙で生きていくのに必要なことは、あなたがたが外なる宇宙でどういう生活を送り、どんな地位にあったか、というような表面的なことではなく、あなたがたの「魂の本質」です。あなたがたが外なる宇宙で生きていたときに達した「生命」、すなわち「愛」がどのようなものであったかなのです。それが死によって、記憶が静止することによって、現れてくるのです。

するると、死によって私たちの「魂の本質」が現れてくること自体は、記憶が沈殿し、コップの底に静止することによって、「水」が澄んでくることに象徴されているわけですね？

そうです。透明で澄んだ水は、あなたがたの魂の姿を表しています。しかし、記憶が沈殿しても、依然不透明なままでいる場合もあります。また、不透明というよりは、真っ黒な場合もあります。これらは、あなたがたが外なる宇宙で身に付けた、あなたがたの「生命」、すなわち「愛」の状態を表しているのです。あなたがたの生命は、外なる宇宙で、あなたがたがどういう行動をしたかではなく、その行動の意図、動機は何であったかによって決まってきます。

ということは、たとえば私が「善い行ない」をしても、それが自分の名誉のためとか、自分の利益のためとかいう利己心があったならば、それは行ないとしては善に見えても、意図は悪であったということですね。その意図には、生命、愛がなかったというわけですね。

そうです。あなたがたの意志、意図が「水」の透明度を決めるのです。ですから、たとえば「私はこんなにたくさんの善いことをした」というのは、直接には生命、愛には関係がありません。それらは死後、静止する記憶にすぎません。

今お話しいただいた死後の記憶は、生まれ変わりと、どう関係してくるのですか?

もう一つ、死後の記憶ではなく、人間が外なる宇宙で生きているときの記憶について指摘しておきたいことがあります。あなたがたの記憶は、いわば「ウソ」をつくのです。

えっ! それこそ、「生まれ変わり」とどうつながるのですか?

あなたがたの思考は絶えず変化し、十年前の思考と、現在の思考は違います。記憶も思考のなかで変化しています。たとえば、読んだ記憶のない何十年も前に読んだ本のストーリーが突然、思い出されることがあります。それが「ああ、そう言えば忘れていたけど、あのときこんな本を読んだことを思い出した」というのならば問題はないのですが、本を読んだことを忘れ、自分がストーリーのなかに入り込み、生きた体験記憶のようになることがあります。そのストーリーが自分の前世の物語のように思えてしまうのです。こういう例はいくつか知られているはずです。また、自分が忘れてしまった記憶の断片がいくつかつなぎ合わされ、それが新しいストーリーとして生き生きと蘇《よみがえ》ることもあります。これは、記憶が水のなかの砂粒のように、思考とともにあちこちに動き回っていることから起きます。そしてそれがあなたの今生の記憶にないと思うと、前世の記憶のように見えるのです。

そうであれば、たしかに記憶はウソをついて自分の「前世」を思い出させることになるのはわかります。でも、その人の知るはずもない歴史的事実を検証することによって確認された、「前世の記憶」のことはどう説明しますか？　たとえば、自分が習ったこともない古い時代の言葉や外国語を、突然しゃべり出すとか、その人の「前世」の記憶にしたがって、現場に行って調べてみると実際そうだったとかいう話がたくさんありますが？

それが最初にお話しした、死後の記憶によるものなのです。今、外なる宇宙で生きているあなたがた以前に、肉体の死によって内なる宇宙の住人となった人々が限りなくいます。死によって内なる宇宙の住人となった人間の記憶は沈殿し、静止します。そうであっても、記憶自体が消滅したわけではありません。ですから、その記憶は内なる宇宙の光に照らされることによって、生き生きと蘇ることが可能です。それが時折、外なる宇宙の住人であるあなたがたに、いわば投影されることがあります。

なぜこうしたことが起きるかというと、あなたがたは外なる宇宙で生きていると同時に、ふだん気づくことはなくとも、内なる宇宙でも生きているからです。ですから、肉体を脱ぎ捨て、内なる宇宙のみで生きている人と、あなたがたのあいだに、時折こういう「交差」が起きても不思議ではありません。それがあなたがたにとっては、自分の「前世の記憶」のように思えるのです。なぜなら、内なる宇宙を見ることができず、そこの住人と話すこともできないあなたがたには、こうした交差が起きると、自分自身の前世の経験を「思い出した」としか思えないからです。しかしそれは真実の外観であり、あなたがたの「記憶」「経験」ではなく、内なる宇宙で生きているほかのだれかのものなのです。

古来、ここから「生まれ変わり」や、「輪廻転生《りんねてんせい》」の考えが生まれました。これらはいずれも、あなたがたの思い違いにすぎないのです。「思い違い」を信じ込むことは、思考の特徴です。

ですから、自分の前世がどうであったかと考えて、気に病むことはないのです。気に病むことから、思考は新たな迷妄を作り出します。今の自分の不幸は、自分の前世が犯した罪の結果であるとか、そういうたぐいの迷妄が生まれてきます。

そうした「前世」よりも、今ある自分のほうが大切です。今の自分はどうなのか、自分のありのままを見つめてください。たとえ「生まれ変わり」が真実のように見えるとしても、常にあるのは、「今の自分」しかない、という「真実」に気づいてください。

なるほど。私自身にはそういう「記憶」はありませんが、その類の話を本で読んだり、人の話を聞いたりするにつけ、以前から気になって、何か釈然としなかったのですが、ようやくわかりました。私たちの魂には前世などなく、私たちは真にユニークで、内なる宇宙においても、外なる宇宙においても、新しい存在なのですね？

そのとおりです。あなたがたはこの宇宙で新しく、かつユニークな存在なのです。無限の創造的エネルギーである愛と知恵は、新しくかつユニークな魂を創造せざるを得ません。しかし、あなたがたはこの宇宙で新しい存在なのに、古いことにしがみついています。過去や、過去の記憶、それらにもとづく思考に縛られています。そこから途方もない迷信が生まれてきます。それゆえ、あなたがたは、無限の創造的エネルギーによって、日々新たに創造されなければならないのです。この創造的エネルギーに気づいてください。

あなたがたは「すでに創造された存在」ではなく、「今、ここで、創造されつつある存在」です。ですから、あなたがたは日々新たに生まれ変わっているのです。そのためには、あなたがたは日々死なねばなりません。刻一刻死なねばならないのです。そこには、あなたがたの記憶の死もあります。記憶はあなたがたのなかでは、死物なのです。記憶という既知の死物にこだわり続けるかぎり、新しい未知のものは生まれません。既知を脱ぎ捨て、未知の状態に入ること、これが真の「生まれ変わり」なのではありませんか?

永遠の生命の問題から、生まれ変わりの問題へと話題が転じてここまできました。私には、日々、刻一刻死ぬということがよくわかりません。しかし、それが肉体的な死ではなく、私たちの常に何かにとらわれた精神の死を意味していることはわかります。そして、そういう精神の死によって、新たに生まれ変わることができることもわかります。

そのように日々、刻一刻死ぬことと、あなたの言う肉体の死に、何か違いがあるでしょうか。本質において両者に違いはありません。あなたがたは肉体の死後、内なる宇宙のみの住人となりますが、外なる宇宙にいるあなたがたは、すでに内なる宇宙の住人でもあるからです。そこに気づけば、日々、刻一刻という時間のなかでの死の意味がわかるはずです。

そうか! 私たちの「魂」は時間のなかにはないのですね。時間のなかで私たちの精神が死なないかぎり、魂は気づかれることもなく、私たちは自分の狭い精神の牢獄に閉じこめられたままなのですね。

永遠なるもの

そうです。精神は脳の活動の結果にすぎません。脳の活動は物質的ですから、精神は物質を超えたものを知ることができません。したがって、あなたがたは、物質を超えたあなたがたの「魂」を、精神によっては知ることができません。「魂」は永遠の生命に属しています。永遠なるものは時間のなかでは、決してとらえることができません。しかし、精神がその騒々しい活動をやめるとき、思考がその混乱した運動を停止するとき、あなたからあらゆる葛藤が消えるとき、聖なる静寂とともに永遠なるものが現れます。永遠なるものは、騒々しさや、混乱、葛藤とは無縁だからです。この騒々しさは、あなたが死なないかぎり、消えることはありません。ですから、あなたがたは日々、刻一刻死なねばならないと言ったのです。

この精神や思考の騒々しさから逃れるにはどうしたらよいのでしょうか?

あなたのその質問自体が、すでに精神の騒々しさの現れです。あなたは精神の静寂を求めています。しかし、その求めること自体は精神の活動です。ですから求めて何かを得たとしても、あなたはその獲得したことにとらわれてしまうのです。そこから再び、精神の騒々しさと思考の混乱がはじまります。

では、どうしたらいいのでしょうか?

どうしたらいいのかと、答えを求めるのではなく、まず、あなた自身とあなたのまわりで起きていることをありのままに見つめてください。これは、これまでも繰り返し語ってきたことですね。

でも、それは難しいことのように思えるのですが?

ありのままに見つめることが難しく思えるのは、そこにあなたの偏見や判断が、獲物を待っている動物のように、あなたのなかに控えているからです。そういう偏見や判断は、一切捨てなければなりません。偏見や何らかの判断があるかぎり、「真実」は見えません。真実は、精神や思考を超越したところにあります。しかも、どこか遠いところ、遠い未来のなかではなく、「今、ここに」あるのです。あなたが、真にありのままに見つめることができれば、その「気づき」が、あなたの意図、意志とは関係なく訪れることができるのです。

それが「恩寵」なのですね。でも、私はその恩寵にふさわしいかどうかわかりません。

あなたが恩寵にふさわしい存在かどうかは、恩寵が顕れることとは関係がありません。あなたはすでに、恩寵そのものだからです。これも前に語りました。あなたがたは騒々しい精神の虜《とりこ》になって、そのことに気づかないだけなのです。恩寵はすでにあなたに顕れています。あなたが「今、ここで」生きていること自体がそれを証明しています。そこに気づいてください。

「天国」と「地獄」

わかりました。私たちは恩寵に気づくこともなく、ただ精神と思考の空騒ぎをしているだけなのですね。空騒ぎがやまないかぎり、私たちは恩寵に気づくこともないのですね。そして、気づきとは、永遠なるものに触れることでもあるわけですね。では、私たちの魂が永遠であるとするならば、死後私たちは、天国か地獄へ行くのでしょうか？

あなたはまだ、精神の騒々しさにとらわれていますね。天国とは何でしょうか？ 地獄とは何でしょうか？ あなたがたがいつもイメージする天国や地獄は、思考の作り出した迷妄にすぎません。

　では、天国や地獄は存在しないのですか？

　私が存在すると言えば、あなたはそれでは「それは、どこに？」と必ず質問します。そして「そこには、いつ行けるか？」と聞くはずです。しかし、内なる宇宙には、空間も時間も存在しません。あなたがたの想像する天国や地獄は、空間と時間のなかにあります。ですから、そういうものは思考の作り出した幻想にすぎないと言ったのです。この際、あなたがこれまで人から聞いたり、読んだりして得た天国や地獄についてのイメージは一切捨ててください。

　わかりました。では、私たちの作り出した幻想ではない天国とか地獄の真実とは、いったい何なのでしょうか？

　内なる宇宙には、あなたがたの想像するような天国や地獄はありません。私があると言えば、あなたは「天国に行くためにはどうしたらいいのか。地獄に堕ちないためにはどうしたらいいのか」などと質問します。そこからまた精神と思考の空騒ぎがはじまります。また、私がないと言えば、あなたは「天国や地獄がないのなら、人生は自分の好き勝手に生きればいいのか」と、虚無的にもなります。そこには、天国や地獄を、生前の自分の行ないの報酬、報いと考える、不純な動機が潜んでいます。これも精神の騒々しさにほかなりません。内なる宇宙にあるのは、そういう精神の騒々しさとは一切関係のない「ある」状態です。あなたが言う天国と地獄の真実は、無限の創造的エネルギーの現れ方にあります。

それはいったいどういうことでしょうか？

恩寵の虹

内なる宇宙には、無限の創造的エネルギーを、あなたがたがどのように受け入れているかという、たとえて言うと、「虹のスペクトル」が存在しています。スペクトルには、振動数の高い部分と低い部分があります。そして振動数の高い部分には、前にお話しした、無限の創造的エネルギーの顕れである、第一層、第二層、第三層が対応していますそれに呼応するかのように、振動数の低い部分にも、三つの層があります。そしてスペクトルの可視部分、すなわちあなたがたに虹色として見える部分は、その高振動でもなく、低振動でもない部分に相当したごく狭い領域です。あなたがたは外なる宇宙にいる間、この虹の可視領域にいます。そして、高振動のスペクトル、低振動のスペクトルが広大に広がり、どちらもあなたがたには不可視の領域です。しかし今語ったことは、あくまでもたとえです。たとえと言ったのは、あなたが今の話を文字通りに受け取ると、また、あなたは思考をめぐらして、さらに幻想を作り出すからです。ここで示したのは、天国とか地獄とは、どこかにある場所ではなく、またどの時間に属しているということでもなく、「今、ここに」ある状態なのです。

するると、内なる宇宙の存在でもある私たちは、すでにそのスペクトルの一部なのですか？

一部というよりは、あなたがたはすでに、そのスペクトルそのものなのです。そしてスペクトルがどうなっているかは、あなたがたの外なる宇宙での生を通じて変化しています。それはあなたがたが外なる宇宙で生きている間、高振動でも低振動でもない状態、虹の可視領域の状態にあるからです。しかし、あなたのスペクトルが高振動の方向に振れようとしているのか、低振動の方向に振れようとしているかの相違があります。あなたのスペクトルが高振動の状態にあるか、低振動の状態にあるかは、あなたの魂の状態によって決まってきます。そして魂は肉体の死によって、その本質が変わることはありません。というより、精神や思考と自我といった外なるものに覆われていた魂の状態が、肉体の死によってあらわになるのです。

するとこれは、前にあなたが語った砂粒のたくさん入ったコップの水のたとえにかかわってくるのですね。

そうです。あのとき私は、肉体の死によって、砂粒はコップの底に沈殿し、そこで静止し、コップには透明な水か、不透明な水が現れると言いました。その透明度が今お話しした、スペクトルの振動数に相当しています。振動数の高い部分は透明に透き通った水です。振動数の低い部分は、不透明な水です。そして水の透明度は、あなたがたの生命、すなわち愛に相当していると言いました。

あなたがたが外なる宇宙にもいるあいだは、コップのなかをたくさんの砂粒があちこちに動き回っています。これが高振動でも低振動でもない状態、あなたがたが外なる宇宙にいるあいだ、光に照らされて虹色に輝く状態です。あなたがたのほんとうの姿は、この虹色の背景に隠されています。それが水の透明度なのです。

では、私たちは真の愛に気づき、それを行ない、そして自分自身を再創造すること、すなわち生まれ変わらなければ、永遠の生命には到達できないわけですね？

永遠の生命は、そこに到達したり、それを獲得したりすることはできません。これは何度も語ってきたことです。到達するのでもなく、獲得するのでもなく、あなたがたは恩寵そのものなのですから、永遠の生命はすでに「今、ここに」あることに気づいてください。精神や思考の混乱や、騒々しさのなかでは、あなたがたの意志は腐敗するばかりです。腐敗した意志から生まれるものには真の愛はありません。あなたのスペクトルが高振動であるか低振動であるかは、あなたの生命、すなわち愛によって決まってくるのです。

わかりました。私が死後に天国を求めたり、地獄を恐れたりするのは、そもそも的が外れていることだったのですね。死後に何があるかを詮索することは、思考の迷妄を招くばかりで、そんなことを気に病むよりは、私たちは「今、ここで」どのような愛に生きているかを知ることのほうが重要なのですね?

そうです。あなたが神の愛と知恵を受け入れ、愛と知恵のなかで生きているならば、あなたは神とともに生きています。すなわちそれは天国にいることではないでしょうか。逆にあなたが自分の悪から解放されず、憎しみや欲望のままに生きているならば、それは地獄にいることではないでしょうか。死の彼方に天国や地獄を求めることは間違いなのです。天国と地獄は「今、ここに」あなたのなかにすでに存在しています。

そのことに気づけば、あなたはすでにスペクトルを高振動に合わせているか、低振動に合わせているかに気づくことができます。これが「恩寵の虹」です。

スペクトルの高振動にある状態を、人によっては天国と呼ぶでしょう。また、低振動の状態を地獄と呼ぶかもしれません。

するると、あなたの言うように、私たちが外なる宇宙にいるあいだ、恩寵の虹の可視領域の状態にいるということは、私たちのスペクトルが高振動にも、低振動にもなり得るということですね？

そうです。あなたが真の愛に生きているならば、すでに潜在的に高振動の状態にあります。反対に、ふだんは善人のように振る舞い、善人のように考えていても、心の奥に憎しみや欲望を隠しているような悪の状態にあるならば、すでに潜在的に低振動の状態にあるのです。これは、あなたがたの自由な選択の結果ではないですか？

あなたがたが外なる宇宙にいるあいだは、善を選ぶか、悪を選ぶか、選択の自由があります。そして、その選択によって、あなたがたの生命、すなわち愛の状態が決まっていくのです。しかし、善意を持って善を選ぶことが真の自由であって、悪意を持って悪を選ぶことは、自由に見えても真の自由ではなく、その悪の奴隷になることだと気づいてください。この奴隷状態が低振動、すなわち地獄なのです。

悪と誤謬はあなたがたの魂にとっては重荷です。重荷を抱えて生きていると、魂は下に沈んでいきます。反対に善と真理は実に軽やかです。それはあなたの魂を上昇させます。

でも、神が無限の愛であるならば、すべての人は高振動の状態、すなわち天国へと導かれるのではありませんか？

そのとおりです。それが創造の目的です。神は無限の愛と知恵によって、すべての人を御許《みもと》に招かれます。しかし、前にもお話ししたように、神はあなたがたの自由意志を踏みにじることは決してしません。御許に行くかどうかは、あなたがたの自由意志の結果なのです。もし、あなたがたが悪の状態にあっても、そのことに気づくことができ、そこから離れ、善の状態に入ることができるように、神は常に、あらゆる方法で、あなたがたに働きかけています。そして、そのことに気づくことは決して難しいことではありません。

わかりました。私たちが未来を思い煩《わずら》って、「天国」へ行くのか、「地獄」に落ちるのか悩むことはありませんね。いちばん大切なことは、私たちが「今、ここ」で、どのように生きるかということなのですね。

あなたがたが、そこに気づけば世界は変わります。

Ⅰ
天使との対話

Ⅱ
宇宙創造の目的

Ⅲ
自由意志

Ⅳ
「なる」から「ある」へ

Ⅴ
永遠の生命

Ⅵ
空なる器

Ⅶ
「仕える存在」の知恵

宇宙にあるすべては「空」である
すべては「器」である
「空なる器」に
宇宙に充ち満ちるものが注がれている
あふれ出さんばかりに
私たちはそのことを知らない
知らないままに眠っている

時を超えて復活した真実

あなたはこれまでに知られていなかった多くの驚くべきことを明らかにしてくださいました。しかも、それは宇宙的なスケールのなかで語られました。

でも、これらの真実は、なぜ以前には知られていなかったのですか？

堕落以前の「人間」には知られていました。しかし堕落以後、これらの真実は、さまざまな神話や伝説のなかに、寓話としてその一部が残されるだけとなりました。そのため人間は、神について矛盾して混乱した考えしか持つことができなくなったのです。しかし、この対話で明らかにしたような真実を、再び徐々に明らかにしていくことが、ある時期から可能となったのです。

それは、いつのことですか？

外なる宇宙にいるあなたは時間にこだわります。しかし、永遠の真実にとっては、時間は関係ありません。でも、あえて言うならば、それは永遠から時間のなかで起きることは予定されていました。なぜなら永遠なるものには、すべての未来は、「今このとき」だからです。

では、そのことはどのようにして可能となったのですか？

それは創造され得ないものが、創造されつつある存在として、外なる宇宙に身を置くことによってです。

えっ！　創造され得ない存在、つまり神が、創造されつつある存在に身を置くとは、どういうことでしょうか？

生命の「器」とは

その質問にすぐ答えることはできません。そこに至るにはもう少し準備が必要だからです。ですからその前に「創造されつつある存在」であるあなたがたの真実についてもう少し対話を進めましょう。そうすれば、「創造され得ない存在」と「創造されつつある存在」の違いと関係がもっとはっきり理解できるようになるはずです。

わかりました。たしかに「創造されつつある存在」である私たちについては、まだいくつかわからないところがあります。

これまであなたは、無限の愛と知恵である神は、生命そのものであり、人間はその生命を受ける「器」であると、何度も言われました。でも「器」が正確には何を意味するのかは、最後まで明らかにされませんでした。いったい「器」であるとはどういうことなのか、ここで明確にしておきたいのですが……。

あなたがたは本来「空《くう》」であり、さらに愛や自由意志を所有できないとすれば、その意味は明らかではありませんか？

しかし、私たちはいわば「暗闇」に住んでいます。そこにいるものが、光に満ちた世界に急に気づいても、そのまぶしい光に照らされて、あなたには明白なことでも、すぐには見ることができません。

わかりました。あなたがたは物質的な世界に縛られ、そこに浸透している「内なる宇宙」の光を見ようと思っても見ることができません。というより「内なる光」に気づいてもいません。ですから、こうしてあなたとの対話が必要となったのでしょう。では、「器」についての対話からはじめましょう。あなたは「器」という言葉からどんなイメージを思い浮かべますか？

そうですね。まず、茶碗のようなもの、あるいは花を生ける花瓶、あるいは水などを入れるコップを思い浮かべます。

それでは「器」のイメージとして「コップ」を取り上げてみましょう。さて、このコップには、どんなものが入りますか？

それは明らかだと思います。水をはじめとして、ジュースやお茶やスープなどを入れることができます。とにかく人間が飲むことのできるものを入れることができます。

それだけですか？

うーん、そうですね。飲むことのできるもののほかに、飲むことのできないものを入れようと思えばできますね。たとえば、泥水とか、毒入りの液体とか……。

そこです。「器」であるコップは、本来あなたがたにとって有用な飲み物を入れるはずのものでした。しかし、あなたがたにとって有害なものも入れることのできる存在です。

あなたがたは本来、愛と知恵の、すなわち生命の「器」です。しかし「器」であるあなたがたは気をつけていないと、それとは正反対のものも入れてしまう可能性があるのです。それが悪と誤謬であり、すなわち生命と反対の状態のものなのです。

しかし、「器」である私たちは何が善で、何が悪なのか、何が有用で、何が有害なのか判断できるのでしょうか?

前にも言いましたが、あなたがたには神から「良心」を与えられています。これはだれからも剥奪されることはありません。それが判断の基準になりませんか?

そうですね。何が善で、何が悪かわからない人はほとんどいないと思います。でも、そうやって「器」に善をため込んでも、コップに入れたままの水がやがて腐るように、そのような善も腐敗していきませんか?

では、私からあなたに質問しましょう。コップという「器」に入れた飲み物は、だれのものですか? そのコップが本来持っていたものですか?

それは明らかです。コップのなかの飲み物は、コップがもともと所有していたわけではなく、また、コップに飲み物が入れられたからといって、そのコップがその飲み物を所有できるわけでもありません。飲み物は、コップに飲み物を入れた「主体」のものです。

そのとおりです。「器」であるコップは、どんな飲み物も所有できません。コップのなかに入れられた飲み物が、コップの所有物であるとして飲み物をそのままにしておいては、それはやがて腐ります。これと同じように、「器」であるあなたがたが善と真理を受け入れて、それを所有することはできません。それはあなたがたに預けられているだけだからです。そこに気づけば傲慢になることはなく、感謝と謙遜を忘れることもありません。

その反対に所有していると勘違いすると、やがてそれらは腐敗します。これが愛です。ですから、あなたがたの善と真理は、だれかほかの人に分けなければなりません。それによってあなたがたが貧しくなることはありません。そのことによって、「器」であるあなたがたに、善と真理がさらに豊かに注がれることになるのです。これは神の無限の愛と知恵の特質です。

逆に、あなたがたが善と真理の反対のもの、悪と誤謬を受け入れてしまったらどうなるでしょうか?

その場合、私たちはそれを自分のものとしてそのままにしておくか、そのことに気づいて捨て去るか、このどちらかではないでしょうか?

そうです。善と真理を自分のものとして、卑小な自我にしまい込む人は、悪と誤謬も自分のものとしてしまいます。あなたがたは本来「器」ですから、善と真理を所有できないように、ほんとうは悪と誤謬も所有できません。所有できると勘違いすることから、その悪と誤謬に対する責任も生じてきます。ここからあなたがたの悲劇と悲惨さがはじまります。これは第二章でも述べたことですね。

今の自分をありのままに見つめて、もし悪と誤謬があるならば、すぐにそれを捨て去ってください。あなたがたは「器」ですから、それができるはずです。

だれも汚い水が入っているコップに、きれいな水を注ぐようなことはしません。悪と誤謬のあるところには善と真理は入れることができないからです。

私たちが「器」であることの意味がこれではっきりわかりました。私たちが愛と知恵、善と真理にあふれていても、それは神のものであり、私たちにはそれを所有することはできないこと、悪と誤謬でいっぱいでもそれも所有できないこと、所有できると信じると、善と真理は腐敗し、悪と誤謬は私たちを破壊してしまうことになるわけですね。そして、私たちの悪や間違った考えは捨て去ることができる。それは私たちが「器」として創造されているからですね。

そうです。「器」は何かをため込んでおくためのものではなく、そのなかのものを有用なことに使うためのものです。あなたがたが悪と誤謬を抱えているならば、それをすぐに捨て去らないかぎり、神から善と真理が注がれても、「器」であるあなたがたに入ることはできません。そしてあなたがたに受け入れられた善と真理は、有用に使うことが大切です。そうすれば、さらに豊かにあなたがたに善と真理が注がれます。

人間が「空」であることの意味

さきほどあなたは、私たちが「空」であると言いました。では私たちが「空」であることと、「器」であることの関係はどう説明されますか?

あなたがたが「器」であることから、あなたがたが「空」であることは明らかであると思うのですが、もう少し詳しく探求してみましょう。

あなたがたは、神からの善と真理、創造的エネルギーが注がれるべき「空なる器」です。コップは本来、なかには何も入っていません。しかし何も入っていないからこそ、そこにいろいろと有用な飲み物を注ぐことができるのです。ですから、あなたがたが「空」でないかぎり、善と真理が注がれても、「器」であるあなたがたには何も入ってはきません。

もう少しわかりやすく説明していただけますか？

では、たとえで説明しましょう。最近のあなたがたは、一昔前のように文章を書くのにワープロ専用機を使うことはあまりありません。そのかわりパソコンにワープロソフトをインストールして、パソコンを使って文章を書きますね。

えっ、それが「空」とどんな関係があるのですか？

奇妙に聞こえるかもしれませんが、これは「空」の意味をはっきりさせるためのたとえです。パソコンは基本ソフトを含め、いろいろなソフトをインストールしなければ、ただの「箱」にすぎません。これは「空」のたとえになります。本来「空」であるパソコンは、あなた次第で、ワープロにもなるし、ゲームマシンにもなり、インターネットを楽しむこともできます。パソコンが「空」でなければ、あるいは「空」であるからこそ、その用途に無限の可能性が生じてくるのです。

これに対し、ワープロ専用機など、用途の限られたコンピュータ内蔵の器械は、はじめから与えられた使い方しかできません。なぜなら、それらはパソコンのように「空」ではないからです。すでに決められた用途があらかじめ器械を占有しているからです。これらは、人間以外の動物にたとえられるでしょう。彼らは最初から本能に従って生きています。そしてそれを逸脱することはありません。しかし、あなたがたはパソコン以上の存在です。それでもあなたがたは「空」なのです。

では人間が「空」であることの意味とは何でしょうか？

それは「空」であることによって、あなたがたは神の無限の愛と知恵を受け入れることのできる「器」であることが可能となる、ということです。

となると、人間は「空なる器」ということになるのですか？

そうです。あなたがたは「空なる器」なのです。そうであれば、あなたがたはどんな「色」にも染まる可能性があります。善と真理に基づいた「色」に染まるならば、悪と誤謬はあなたがたに近づくことはできません。反対にあなたがたが悪と誤謬に基づいた「色」に染まるならば、善と真理はあなたがたに近づくことはできません。

しかし、あなたがたが「空なる器」であることに真に気づけば、もともと善と真理はあなたがたを取り囲んでいますから、あなたがたを満たすことができます。これがありとあらゆるものを取り囲んでいる神の「恩寵」です。そしてあなたがた自身が「恩寵そのもの」としてこの宇宙に現れたのです。

すると、私たちには恐れるものなど何もないのですね。

そうです。「空なる器」であることに真に気づくとき、恐れはウソのように消え去ります。さらに、悪と誤謬に染まっても、それを所有できないことに真に気づけば、悪と誤謬から決別することができます。また、善と真理に満たされても、それを所有することができないと真に気づけば、善と真理を惜しみなくほかの人に渡すことができます。なぜなら善と真理は本来、神のものだからです。

ですから、善と真理を人に渡すときは、神に返すつもりで、感謝と謙遜の気持ちを持って渡してください。そうすれば、それは独善でも押しつけでもなく、感謝の気持ちで迎えられるでしょう。独善と善の押しつけは、矛盾と反発を招きますが、神の善と真理の「空なる器」であることに気づけば、矛盾や混乱ははじめから存在しなくなります。

「自信」とは

そうだったのですか。私が「空なる器」であることを真に悟ったとき、私の自我、エゴも所有できないことを悟るべきなのですね。そうすれば私が行なう善は、エゴから出たものではなく、神から出たものとなり、矛盾は消滅するわけですね。でも、私は聖人でもなく、欠点のない人間でもありません。ですからそのような善を行なうことができるのかどうか自信がありません。

あなたに「自信」があれば、それはエゴの特徴ですから、あなたはエゴをまだ「所有」しているのです。自信ではなく、「信頼」を持ってください。神が善と真理を私たちに注いでくださるという信頼です。そして感謝と謙譲さを身に付けてください。あなたがたに感謝と謙譲さがあれば、やはり矛盾は消滅するのです。

しかし、「自信」がなければ私たちは生きていけません。あなたはこれも否定するのですか?

いいえ否定はしません。まして批判したり、非難したりもしません。「自信」はエゴの特徴ですが、それはあなたがたが生きていくうえで必要な糧《かて》です。しかし、その「自信」の源泉に気づいてください。それはどこからきたのでしょうか。あなたの経験からですか。あるいは成功体験からですか。あるいはだれかにほめられたからですか。しかしそれらはあなたがたの記憶にすぎません。記憶にすぎないことは死物です。生きてはいません。ですからそのような「自信」はエゴの特徴であると言ったのです。

では私たちが生きていくうえで欠くことのできない「自信」のほんとうの源泉はどこにあるのでしょうか？

あなたはまだ気づきませんか。「自信」とは「自らを信じる」ことではなく、「自ら信じる」ことです。つまり、あなたがあなたの自由意志で、神を信頼する、これが自信の源泉なのです。すなわち「自信」とは「神に対する信頼」と同じことです。そこにはエゴのもうひとつの特徴、うぬぼれや独善の入る余地はありません。あるのは、真の感謝と真の謙遜です。そして矛盾と混乱は消滅します。

たしかに、私たちがエゴを所有していると信じているかぎり矛盾は避けられませんね。エゴからなされた私たちの善は自己満足に導き、それはなされた善を台無しにすることになると思うからです。それが、私たちがなす善の「矛盾」ですね。そしてその「善」を受けた者から反発を受け、私たちは「混乱」するわけですね。「あんなにいいことをしてあげたのにこんなに反発されるとは！」と途方に暮れるわけです。

逆に、私たちがエゴを所有できないと真に悟ることができれば、私たちのなす善は自己満足ではなく、善を行なえることへの感謝と謙遜の気持ちへと導き、「矛盾」と「混乱」を招くこともなくなるわけですね。

でも、まだ私には難しいです……。

そう感じるのも無理はありません。あなたがたは無限の創造的エネルギーのなかにあって「学び」と「気づき」のプロセスにあるからです。ですから、絶望することなく、常に神を信頼し、感謝と謙遜の気持ちを忘れないでください。

エゴから解放されるには

あなたは卑小な自我、エゴは、ほんとうは所有できないものであるとおっしゃいました。しかし、私にはまだ信じられないのですが……。

でも、あなたは、その卑小な自我さえ所有できないことに気づいたのではありませんか?

たしかにその「気づき」はありました。しかし、日常生活のなかでは、どうしてもその卑小さが私の目の前に現れるのです。

たとえばどんなことからそれがわかりますか?

先日も、朝目が覚めて出し抜けに昔のことを思い出してしまったのです。それは大人げないけんかの思い出です。私はその相手にまだ怒りを持っていることに気づきました。また同時に自分の情けない行動に対する怒りも感じていました。そしてショックを受けました。こうして天使と対話をさせてもらっているのに、無意識ではまだそんな古い感情にこだわっていたのかということに対してです。まったく情けなくなり、自分がいやになりました。

あなたの卑小な自我が、突然あなたの卑小さを気づかせたというわけですね。あなたは私との対話で少し有頂天になっていたようですね。ですからあなたの卑小な自我は「おまえが天使と対話しているからといって、おまえが聖人になったわけでも、天使になったわけでもない。

その証拠におまえはまだ、あのときの怒りの感情を捨ててはいないぞ」というわけで、突然あなたに食ってかかってきたのですね。

えっ！　あなたには何でもお見通しなのですね。あのときはショックでそこまで深く考えられませんでした。

あなたの子どもっぽいけんかの記憶に限らず、あなたがたは人と交流することによって生きています。その交流の過程で、あなたにとっては不愉快で、面白くないことが起きるかもしれません。しかし、そのとき自分自身のなかでどういう思いや感情が心の表に出てきたのかをよく見つめてください。もしそれがネガティヴで後ろ向きのものだったらすぐにそれを手放してください。前にも話しましたが、心から相手を許すことを学んでください。それはあなたにとって苦痛をともなうかもしれませんが、それが「試練」なのです。

あなたがたにはこの試練を克服する力が与えられています。人との交流を避け、自然のなかのどこか遠い山奥のようなところに退いて、一人で修行することだけが修行ではありません。人との交流のなかで心の表に出てきた自分の気づかなかった悪や誤謬と戦い、それを手放し、善と真理にあなた自身を明け渡す、これも立派な修行です。

こうしてあなたがたの内と外を常に取り囲んでいる善と真理、真の愛に気づくことができるようになります。これが学びであり、創造のプロセスです。ですから、自我の卑小さに気づき、それを「今ここ」で手放さないかぎり、あなたは学ぶことができません、あなたがたの卑小な自我は、同時に巨大なモンスターにもなり得るからです。

えっ、それはどういうことですか？

第四章で学んだことを思い出してください。そこで明らかにされたのは、人間の卑小な自我、すなわちエゴは「なる」ことを求め、限りなく膨張し得るものであることを学びませんでしたか？

ああ、そうでしたね。私たちは生きているあいだエゴというゴム風船のふくらましっこをしているという話でしたね。そしてエゴの膨張の結果は、破裂でした。

エゴはそのように膨張する結果、モンスターのようにもなり得るのです。そしてあなたがたのように善と真理を追究している人間にとっては、エゴはもう見たくないものなのです。そこに自分の卑小さ、醜さが集約されているからです。その結果、あなたはそういう部分を無意識に追いやってしまうのです。あなたがたのことわざで言う、「くさいものにふた」というわけです。

しかし、そうしてふたをされたものは常に出口を求めています。それらはふたの下で、ぐつぐつと煮えたぎっている場合もあります。そしてあなたのふたを押さえる力が弱くなったり、よそ見をしたりしているあいだに、それらがふたから吹き出してくることがあるのです。それがあなたの場合、朝の目覚めの心理的に無防備な状態のときだったのです。

私についてずいぶん手厳しい観察をされていますね。なんだか悲しくなってきました。

私はあなたを批判しているのではなく、非難しているのでもありません。ただ事実を指摘しているだけです。しかし、そういう状態は、あなただけに特有なことではありません。ほかのだれにも起こり得ることです。「くさいものにふた」として処理された記憶は、ときどき蘇って、あなたがたの心をチクリと刺します。それはエゴがさらに膨張しないための、いわばガス抜きなのです。

そういう卑小さ、醜さにふたをしたままほうっておくと、それは致命的な病気のように、魂全体に広がる恐れがあるのです。それら見たくもないものが、目の前に現れないかぎり、真にそれらを手放すことができません。見えないものは手放しようがないのではありませんか？

あっ、そうか！　そういう怒りの感情やほかのネガティヴな感情は、たしかに目の前に現れないかぎり手放すことはできませんね。もし、それらを「くさいものにふた」として無意識に追いやったら、表面上は掃除の行き届いた心であっても、心の奥底ではとんでもないことになっている可能性があるのですね。そういう悪に気づくことは、逆に言うとむしろ健全なことなのですね。

それは真の健全さとは違いますが、抑圧された悪は、いつかは爆発するものです。ですから、自分のなかの悪に気づき、それを手放すことが大切です。そういう機会があったらむしろ喜んでください。なぜなら、それによってあなたは悪を手放すことが可能となるからです。そして「空なる器」であるあなたに、善と真理がさらに入っていくことができるようになります。

するとあの朝の目覚めにおける「事件」は、そこに気づかせるためにあなたが仕掛けたことですか?

いいえ、私が仕掛けているわけではありません。しかしそのようなことをする者もいます。それは私たちの仲間や兄弟ではありません。私たちは、あなたがたに何かを仕掛けようとする者たちを追い払い、あなたがたを守るために神から遣わされているのです。そしてあなたがたになされた悪をできるかぎり善に変えるようにし向けます。それが先ほどから述べている「気づき」です。

あなたは自分の怒りの感情に気づいた。そしてそれを克服し、手放そうとした。そして手放すことができました。そのときに思い出したことは何ですか?

「愛」のもうひとつの形

そのとき思ったことは「許し」です。第三章でも許しについてはいろいろなことを学びました。許しがなければ、怒りは怒りを招き、憎しみは憎しみを招くだけだということでした。そして自分が許さなければ、相手も許さないのです。

あなたにはまだ足りないところがあります。

えっ、許しのほかに何か必要なのでしょうか?

許しは愛の第一歩です。許すだけでは、愛の一部を学んだにすぎません。第二章で学んだように、あなたがた人類はすでに一体です。そこに気づいてください。
あなたの許しは、誇張ではなく、世界に伝わります。たしかにそれはすばらしいことです。
しかし、あなたがたは無限の愛と知恵を受ける「空なる器」なのです。ですから愛に出し惜しみがあってはなりません。愛にケチくささはふさわしくありません。あなたが受けている愛と知恵はまだ小さなものかもしれません。しかし、それを出し惜しんではなりません。あなたの愛をすべて相手に注ぐのです。そうすれば世界は一瞬にして変容します。そしてさらに大きな愛と知恵があなたに注がれることになります。

でも、それは私には難しいように思えます。それに愛を相手に注ぐ方法も知りません。

あなたが一つ忘れていることがあります。それはこれまでに触れなかった問題です。

えっ、それは何ですか？

それは「祈り」です。

「祈り」については、私だけでなくほかのだれもが多少は知っていることなのではありませんか？　それに「祈り」について探求すると、宗教くさくなると思って、これまでは避けてきた話題だと思うのですが……。

しかし、「祈り」は人間が創造されたときから絶えることなく続いてきた人間の行動の一つです。それはあなたの言う宗教とは何の関係もありません。「祈り」の歴史は宗教の歴史よりも古いのです。そして、どんな無神論者でも、「祈り」から逃れることはできないことを私たちは知っています。

では、無神論者も祈るのですか？

そうです。その祈りは私たちに聞こえてきます。正確にはある特殊な香りをともなって、あなたがたの世界、「外なる宇宙」から聞こえてきます。さまざまな祈りは、さまざまな香りをともなっています。私たちの世界、「内なる宇宙」で聞こえる祈りは香りとして認識されます。あなたがたの宗教で祈るとき、香をたいたり、線香を上げたりすることの起源はそこにあります。あなたがたの言葉にも「香のニオイをかぐ」ではなく、「香を聞く」という表現がありますね。私たちも香りとして届く「祈り」を聞くのです。

それは驚きです。では、私たちの「祈り」の種類によって、あなたがたに聞かれる香りも違ってくるわけですね？

そのとおりです。たとえばあなたがたが自分勝手な思いを「祈り」に込めると、それは私たちには香りではなく、耐えられない臭気として感じられます。あなたがたが真に人の幸福のために祈るならば、それは私たちにはかぐわしい香りとして感じられます。その場合、言葉の表面的なものは問題とはなりません。その「祈り」があなたがたの「魂」から出たものかどうかが重要な要素となるのです。

「祈り」はかなえられるか

私たちの「祈り」があなたがたにどう認識されるのかはわかりました。では、「祈り」とは何でしょうか？　それは神に対して何かを実現してもらおうとする「お願い」なのでしょうか？

それとも、神に対する呼びかけ、あるいは神との対話なのでしょうか？

「お願い」とは面白い表現ですね。あなたがたが「祈り」と言っているものの大半は、あなたの言う「お願い」です。場合によっては「懇願」とさえ言える「祈り」もあります。それらの「お願い」「懇願」も、そこに利己的な動機がなければ、「祈り」の形です。しかし、その祈りがかなえられつつあるときでも、あなたがたがそのことに気づくことはめったにありません。気づくには「祈り」に利己的な動機がないだけでは不十分なのです。

祈るときは、まず、真の「感謝」と「謙遜」の心を持ってください。どんな「祈り」も、「感謝」と「謙遜」にはじまり、「感謝」と「謙遜」に終わります。これはあなたがた自身のためでもあるのです。「祈り」がかなえられ、それに対して「感謝」と「謙遜」を忘れたならば、あなたがたは神に対して忘恩の罪を犯すことになるからです。

「忘恩の罪」とは、これまた宗教くさく、古くさい言葉ですね。

誤解しないでほしいのですが、神はあなたがたに「感謝」と「謙遜」を求めているわけではありません。無限の愛と知恵である神は、有限な存在であるあなたがたが「感謝」と「謙遜」を忘れたからといって、気を悪くするでしょうか？　怒るでしょうか？

無限の存在である愛と知恵は同時に、無限の感謝と謙遜を備えた存在でもあるのです。これは第二章でもちょっと触れたことですね。ですから、神はあなたがたも無限の存在と同様に、感謝と謙遜を備えた存在になることを願っているのです。感謝と謙遜はあなたがたのためだと言ったのはそういう意味です。そうしてあなたがたは神の映像となることができるからです。ですから「忘恩の罪」とは、あなたがたが感謝と謙遜を忘れないための警告なのです。真の感謝と謙遜を身にまとえば、あなたがたの「祈り」は常にかなえられることになります。

「祈り」に利己的な動機をいっさい交えず、真の感謝と謙遜を持って祈るならば、それは聞き入れられるということですね。

また、誤解しないでほしいのですが、あなたがたの「祈り」のとおりに祈りがかなえられるわけではありません。つまりあなたがたが期待したような結果には必ずしもならないのです。

それはどうしてでしょうか？　私たちの祈ったとおりに「祈り」がかなえられないとしたら、祈ることに何の意味があるのでしょうか？

自分の期待したとおりに祈りが通じなかったらといって憤慨するならば、それは利己心の表れです。神はあなたがたの要求を何でも聞き入れる便利な「何でも屋さん」ではありません。それと「困ったときの神頼み」というように、「困ったときのドラえもん」でもありません。

ちょっと待ってください！　あなたが「ドラえもん」を引き合いに出すとは思ってもいませんでした。

前にも言いましたように、この対話では、私はあなたの記憶にあることから、説明に役立つものは何でも使うつもりです。ですからこのような話し方に気を取られることはありません。問題は私の話し方ではなく、その内容です。

わかりました。「ドラえもん」のたとえはよくわかります。のび太が何か困ると、すぐにドラえもんに助けを求めます。そしてドラえもんはしょうがないなあと言いつつも、のび太の願いを聞き入れて、のび太を助けてしまうのです。私たちものび太のように、神に対し、ドラえもんのように接しているのでしょうか?

そういう面もあります。しかしこれは批判でも非難でもありません。「幼い魂」を持つあなたがたにとっては、のび太のような態度は不思議ではありません。

それは認めます。では、祈りはどのような形でかなえられるのですか?

神はあなたがた自身よりも、あなたがたのことをよくご存じです。無限の愛と知恵の神は、あなたがたにとって最大の幸福が得られるように配慮しています。それはあなたがたの願いと一致することはほとんどありません。なぜならあなたがたには目先のことしか見えないからです。しかし、神はその全知全能で、あなたの過去、現在、未来をすべて見ています。すると、どういう形であなたの祈りをかなえれば、あなたにとって最善であるのかを把握していることになります。そして神は、あなたにとって最善であるように祈りをかなえるのです。そこに、あなたの近視眼的な期待と、神の働きの違いがあります。

でも、そんなに違いがあると、私たちには祈りがかなえられたかどうかわからないことになりますね。

そう、あなたがたは神の働き、すなわち神の摂理を目の前で見ることはできません。しかし、しばらくしてから気づくことはできます。このことは前にも言いました。そしてその理由も述べましたね。ですから、あなたがたは常に神に対して「感謝」と「謙遜」を持って向き合わねばならないのです。そうすれば神は、あなたをさらに真の幸福に向かって導いていくことができるのです。

わかりました。私たちは神に対して何でも願いをかなえてくれるドラえもんのように接していたのかもしれません。もっと厳粛で、謙虚な気持ちを持って、感謝の念を忘れずに神に対さなくてはならないのですね。

それでは「祈り」についてもう少しお聞きします。これまでのような広い意味で「お願い」に含まれる祈りのほかに、どんな形の「祈り」があるのでしょうか？

「利他的」な祈りとは

「祈り」には、真に利他的な祈りもあります。これは自分の健康や幸福を苦しんでいる人々に捧げたいという祈りです。ときには自分の命と引き換えにと、祈りを捧げる人もいます。

それは、自分の家族や友人に対する祈りですか？

それも尊いのですが、自分の家族とは結局自分のことです。友人とは結局自分と同じことです。あなたがたにとって、自分の家族、友人のために祈ることは自然なことです。しかし、それは結局、自分のために祈っていることも多いのです。ですから、自分の家族や友人のために祈るときは、その人にとって最善のことが起きるように祈ってください。その人にとって真に最善のことは、あなたもその人自身も知りません。神のみがご存じです。ですからあなたの期待はここでも外れることが多くあります。そしてどんな結果が起きようとも、祈りにおける感謝と謙遜を忘れないでください。

そうなのですか……。利他的ということから、私は単純に家族や友人のことと考えてしまいました。でもよく考えてみれば、あなたの言うように、それは自分と同じことですね。

では、真の利他心に基づいた祈りとはどんな祈りですか？

あなたがたは毎日のように、テレビや新聞で世界中の不幸な現実を目にしています。あなたなら、そういう現実を目の当たりにしたらどうしますか？

それが私の目の前で起きていることならば、何とかその人たちを助けてあげられないかと考えるでしょう。そしてそれを実行するかもしれません。しかし、遠いところで起きている不幸に対しては、その現場に駆けつけて何かの援助をすることはできません。ですから、たとえば募金に協力したりする気持ちは常にあります。

しかし、あなたに欠けているものがあります。それは「祈り」です。そういう人々には真摯《しんし》な祈りを持って接してください。何かの援助をするときも祈りを持って行なってください。そして、遠くにいて心を痛めるだけしかできないときは、心からの祈りを捧げてください。そういう不幸な目に遭っている人々は、あなたの家族でも友人でもありません。ですから、なおさらのことその人々が苦しみから解放されるように祈ってください。前に言いましたように人類はすでに一体なのです。そしてあなたの幸福は、あなた以外の人々が真に幸福であるとき、真に幸福となることができるのです。このことは第三章で述べました。これが利他的な祈りの形の一つです。

しかしその祈りは、私の魂からなされなければ何の効果もないわけですね？

そのとおりです。もしその祈りがあなたの魂から出たものでなければ、祈りはあなたを自己満足へと導くだけです。「私はこうして世界の苦しんでいる人々のために祈っている。私はなんて偉いのだろう」と、無意識に思うようになるかもしれません。それでは祈りを台無しにするだけでなく、あなたの祈りは私たちには耐えられないほどの臭気となって立ち上ってきます。

でも私たちは、毎日の生活に追われていて、そういう人々のために祈ることは難しいと思うのですが……。

私はそういう祈りを強制しているわけではありません。たとえあなたが毎日忙しくとも、テレビを見たり新聞を読んだりする時間はありますね。そのときそういう不幸な人々の存在をあなたは知るわけです。そのとき一分でも三〇秒でも、いやたとえ一〇秒でもその人々のために祈ることはできませんか？

私は難しいことをするように言っているわけではありません。あなたがそういう祈りを捧げることによって、あなた自身が見も知らずの人々に思いやりを持つことができるようになり、ひいてはあなた自身の魂が浄化され、成長することに気づいてほしかったのです。

自分のためではなく、人のために祈ることが、結果として自分の魂の成長に役立つことになるのですね。わかりました。そのように努力してみます。

でも、私自身が苦しい目に遭っているときは、自分のことで精一杯で、それこそ、見ず知らずの人のために祈ることは難しいと思うのですが……。

そのときこそ、あなたの魂が試されているとは思いませんか？　あなたは苦しんでいる、しかし、その苦しみのなかででさえ、ほかの人々のために祈る力は残されているはずです。まず、そこに気づいて感謝してください。そして「私は今苦しんでいるが、世界には私以上に苦しんでいる人々がたくさんいる。また、私と同様な苦しみを抱えている人もいるはずだ。そして苦しみに大きい小さいはなく、その人にとってはそれが最大の苦しみとなっているはずだ」ということに気づくはずです。ですから、あなたは自分の苦しみに対し、自己憐憫に陥らず、謙遜を持って祈ってください。あなたにはその勇気があるはずです。

でも、自分に敵対的な関係にある人や、自分を苦しめる人々、まして悪人のために祈ることはできないと思うのですが……。

そう思うのも無理はありません。自然のままのあなたがたはそういう存在だからです。でもよく考えてください。利他心の「他」とはどういうことでしょうか？　それはあなた以外のだれか他人のことです。そこには善意の人も悪意の人もいます。そして人類はすでに一体です。さらに神の恩寵はだれにも分け隔てなく全人類に注がれています。だとしたら、あなたは善人であるか悪人であるかの区別をすることなく、その人々ために祈ることができるはずです。ですから、あなたに敵対する人や苦しめる人のために祈ってください。その人々が善と真理に気づくようにと、祈ってください。そうすればあなたは真に変容し、世界も真に変容します。これが真の利他的な祈りです。

自分に敵対する人や自分を苦しめる人のために祈ることに比べれば、世界の苦しんでいる人々のために祈ることは実にたやすいことですね。

でも聖人でもない私たちには、「自分の敵のために祈る」ことはとても難しいと思うのですが……。少なくとも私にはとても無理です。

「無理」だと言って、あなたは自分の殻に閉じこもります。しかし、あなたがたは無限の愛と知恵の映像として創造されつつある存在です。そうであるならば、聖人でもなく、まして完璧な善人でもなく、欠点だらけのあなたが神の愛と知恵の映像に向かって成長していくことは可能なはずです。そこに気づいてください。そして、あなたの敵のために祈る勇気を神に祈ってください。そうすればその勇気は与えられるはずです。あなたが世界の苦しんでいる人のために祈ったからといって、あなたの敵のために祈ることを拒絶するならば、あなたの祈りは、あなたを偽善者にするだけです。

あなたとこうして対話を続けていくことがだんだん恐ろしくなってきました。あなたは私の偽善的な心を見抜いて、それを一つひとつはがしていくように思えるからです。

私はあなたとの対話を通して、だれにでも起こり得る真実を見つけ、それをもとにあなたたが自己欺瞞性から解放されるヒントを贈りたいだけです。これは以前にも述べました。ですから私を恐れないでください。私たちはあなたがたを恐れさせるためではなく、あなたがたに仕えるためにいるのです。それにあなたがたは成長しつつある人間です。成長の過程では、古い自分の真実をありのままに見つめることも必要です。そして古くて幼い自分を手放してください。成長の過程では苦しいことがたくさんありますが、それらを直視し、手放し、そして「学び」と「気づき」のなかで、あなたがたは神の映像へと進化していくのです。

真に利他的な祈りの性質についてはよくわかりました。たとえ今はそういう祈りが難しく見えても、いつかそのことを特に意識することもなく、祈ることができるようになりたいものです。

神への呼びかけ、神との対話の意味

祈りに関する私の最初の質問で、祈りとは神への呼びかけなのか、神との対話なのか、ということを聞きました。これについてはどう答えられますか?

人間が創造されて以来、人間は常に神に呼びかけ、神と対話してきました。あなたも神に呼びかけてきたのではありませんか?

私に関して言えば、「宇宙はなぜあるのか、人生とは何か、自分とは何か、何のために生きているのか、宇宙、神、人間に関する真実とは何か。その真実を知りたい。教えてください」と、常に神に呼びかけてきたような気がします。

それは神への呼びかけという形をとった、真実を知りたいというあなたの「祈り」です。あなたの祈りはかなえられましたか？

ええ。私はこうしてあなたと対話をすることによって、その真実に触れることができました。そして私の祈りは今も、あなたとの対話によってかなえられつつあるのだと思います。

でも、あなたは神ではありません。私たちは神と対話することができるのでしょうか？

あなたがたが人生や宇宙の真実について瞑想しているとき、それは神への祈りとなります。そして神は、あなたがたの「良心」を通してあなたの祈りに答えられます。これが神との対話です。

でも、あなたと私がこのように対話するように、神は私たちと対話をすることがあるのでしょうか？

ごくまれにあります。しかし、あなたと私の対話のように、あなたがたと神が直接対話をすることはほとんどありません。これはあなたがたが罪深いからとか、神との対話にふさわしくないからといった理由からではありません。神は常にあなたがたと対話しようと望んでおられます。しかし、あなたがたがそれを拒否しているのです。したがって、神は声にならぬ声、あなたがたの「良心」を通してあなたがたと対話するほかにないのです。

すると私が「これは正しいことなのか、間違ったことなのか」と考えているき、神は私の良心を通してそれに答えられる、というわけですね。

でも、少なくとも私は、神との直接の対話を拒否するとは思えませんが……。

そうでしょうか。神があなたがたのだれかと直接言葉を交わすことは、実は宇宙における最大の「奇跡」なのです。したがって、二つの意味であなたはそのことに耐えられません。

まず、あなたはその奇跡に圧倒されてしまいます。そしてあなたがたの物質的な生命はそのことに耐えられることはほとんどありません。耐えられるとしても、その奇跡によってあなたは有頂天になり、自分を見失う恐れがあります。それでは奇跡そのものを台無しにしてしまうことにはなりませんか？　それでは神の無限の愛と知恵の目的に反することになりませんか？

次にあなたがその奇跡に耐え、自分も見失わずにすんだとして、あなたは神との対話によって知ることのできたことに対する責任の重さに耐えられるでしょうか？　それはあなたがたのほとんどにとって、支えきれない重荷となるのです。場合によっては、あなたがたの自由意志を奪いかねないことになります。つまり、あなたは神の奇跡によって、いわば「強制」されてしまうのです。これも神の無限の愛と知恵の目的に反することになりませんか？

それでも、あなたには神との対話を拒否しない自信がありますか？　そしてこれら二つが、あなたがたが神との直接の対話を拒否するという意味なのです。
したがって、あなたがたが「外なる宇宙」にいるあいだは、神と直接対話するという奇跡はほとんど起きません。これはあなたがたの生命が滅びないようにするための、神の無限の配慮の表れなのです。

でもそれは、私たちがこの「外なる宇宙」を去り、「内なる宇宙」に移り住むようになったら可能となるのではないでしょうか？　つまり、私たちの死によって、私たちは神と直接対話ができるようになるのではないでしょうか？

そうです。あなたがたは、内なる宇宙では、いつでも、望めば神の臨在に直接触れることができます。そして対話さえできるでしょう。しかし、それは外なる宇宙で身に付けた、生命の状態に応じた形でなされます。なぜなら、あなたがたが到達した生命の状態を超えることには、内なる宇宙においても、あなたがたにはやはり耐えることができないからです。

でも、現世で神と対話をしている人々も、いるのではないですか？

それは否定しません。現在だけでなく、もちろん過去にもそういう人々はいました。しかし、前にも言いましたが、あなたがたはだれでも、すでに神と対話しているのです。なぜなら無限の愛と知恵は全知全能であり、あなたの思い、願い、祈りは、すべて神に聞かれているからです。そしてあなたがたは良心を通して、身の回りで起きている出来事や現象を通して、あるいは日々の生活のなかで、神の答えを聞こうと思えば聞くことができるのです。あなたがたはそのことに気がついていないだけです。

天使との対話の意義

では、天使であるあなたと私との対話はなぜ続いているのですか?

あなたが私のことを「天使」と呼ぶのはかまいません。しかし、私自身は「仕える者」です。あなたの呼び方に従って説明するならば、私は「天の使い」ということになります。つまり私は神からあなたに遣わされた者です。しかし、私はあなたに対して権威ある者のように、超越的にあなたと接することは許されていません。だからこうして、あなたの理性と合理性に訴えながら対話という形で接しているのです。また私自身の呼び方に従って言えば、この対話を通して、私はあなたがたに仕え、そして神に仕えているのです。ですから私は、あなたより少し先輩の仲間として、いや友人、兄弟として対話を続けているのです。友人どうし、兄弟どうしが対話をすることに、何の不思議があるのでしょうか？

それをお聞きして、なんだか涙が出てきました。あなたはそんなにやさしく私に接してくださるのですね。

真の友人、兄弟であれば、お互いに思いやりを持ち、ときに叱責し、あるいは励ますのは当然のことではないでしょうか？

感謝します。こんな欠点だらけの人間を兄弟として見てくださって！

感謝は神に捧げましょう。あなたと私を兄弟としてくださった方に！

あなたと私がこうして対話しているように、ほかにもあなたがたと対話している人々はいるのですか？

もちろんいます！　でも、あなたがた一人ひとりが違うように、対話の仕方も違います。

どのように違うのですか？

あなたがたの育ってきた伝統や文化、宗教、先入観、偏見、自我のあり方によって違ってきます。

あなたがたはその違いにどのように対応するのですか？

まず、私たちは、あなたがたが大切にしてきたことを否定することはありません。そこにあなたがたの生命があるからです。否定するのではなく、もしその大切にしてきたことが間違ったことであり、あなたがたの生命に関わることであれば、対話を通してそこから導き出される結論を検討し、間違いであることに気づいてもらうようにします。しかし、そこには強制も命令も恐怖もありません。ただ、あなたがたの理性と合理性が得心するのを待っているのです。そうでなければ対話は成立しないのではありませんか？

なるほど。私たち人間どうしでの対話でも、「おまえは間違っている！」と頭ごなしに言われれば、対話は成立せず、最悪の場合にはけんかに発展してしまいますね。

でも、そうした対話によって間違った結論に達することはありませんか？

ときにはそういうこともあります。しかし、私たちはあえてそれを指摘することはありません。なぜなら理性と合理性が納得しないかぎり、あなたがたは何も認めようとはしない性質を身に付けてしまっているからです。しかし、ほとんどの場合、間違った結論というのは、あなたがたの生命には有害なものではありません。それらは「解釈の相違」と言えばよいようなものにすぎないことが多いのです。ですから、対話の細かい内容ではなく、その本質が大切なのです。このことは、世界各地に多くの宗教があることからも明らかではないでしょうか？

しかし、その細かい内容の相違にこだわって宗教は分裂し、対立してきたのですね。

そうです。真に重要なことは、そんなに多くありません。そしてそれらは共通していることなのです。そこに気づけば、対立は消え去ります。

それは、目的を見失わなければ、いつかはゴールに達することができる、ということと同じですね。私にとってその目的とは、「神、宇宙、人生についての真実を知り、それを生きる」ということです。あなたとのこれまでの対話によって、私はその真実の一端を知ることができました。そして、この対話によって、それを人生に活かすことができればと願っています。

それが、こうして対話が続いている理由の一つでもあります。あなたのその思いは、あなただけに限られたことではなく、ほかの多くの人々の願いでもあるからです。

ここまでの対話は、この対話の最初に私が質問したことに対する準備になったでしょうか？

いいえ、まだ十分ではありません。次章はそのことについて探求しましょう。

Ⅰ
天使との対話

Ⅱ
宇宙創造の目的

Ⅲ
自由意志

Ⅳ
「なる」から「ある」へ

Ⅴ
永遠の生命

Ⅵ
空なる器

Ⅶ
「仕える存在」の知恵

あなたがたは私のことを誤解している
その誤解が世界を混乱させてきた
今、その誤解のくびきからあなたがたを解放しよう

知恵について

前章の最後で、あなたはまだ準備不足だと言いました。それではまだ、前章まで語り得なかったことがあるというわけですね？

「創造されつつある存在」であるあなたがたの真実については、さらに明らかにすることができましたが、「創造され得ない存在」についての真実についてはまだ不十分だからです。前章までは多くの有用な「言葉」を使いました。そしてその意味は、あなたと私との対話のなかで明らかになっていったはずです。しかし、まだ「創造され得ない存在」の特質についてさらに明らかにしなければならないことが残っているはずです。

そうですね。たとえば「創造され得ない存在」の特質、つまり「神の愛と知恵」というとき、愛については、対話で多くを学ぶことができました。

あっ、そうか！「知恵」については、特にそれを取り上げて対話することはほとんどなかったですね。

それは「愛」と「知恵」はもともと分離不可能な一体のものだからです。したがって、「愛」

について語れば、「知恵」についても語ったことになるのです。そうであっても、「知恵」は「愛」とは別のものです。

ではまず、あらためて、「知恵」ということに絞って対話を進めてはどうでしょうか？

わかりました。それを私の質問にしましょう。

では、あらためてお聞きします。「知恵」とはどういうものなのでしょうか？

質問に答える前に、あなたがたの「知恵」という言葉の使い方を教えてください。

知恵があることと、知識があることとは別だと思います。「知識」はあっても、必ずしもそれを実際の問題に、すぐに応用できるとはかぎりません。しかし、「知恵」があるということは、それをすぐに応用できるということだと思います。そういうとき、私たちは「知恵を発揮する」というような言い方をします。また場合によっては、なんら特別な「知識」がなくとも「知恵」を発揮することは可能だと思います。なぜなら、「知恵」とは、何か私たちの「生き方」に関わることだからだと思います。

このように、「知恵」には「知識」とは違って、常に応用、あるいは実践、行動がともなっていると思います。そして「知恵者」とは、自らの知恵を即行動に結びつけることのできる人だと思います。そのような「知恵者」ではなくても、私たち自身に「知恵者」のような「知恵」が働く場合もあります。そういうとき「君には知恵があるね」などとほめられたりもします。
場合によっては、浅知恵、悪知恵などという使い方もあります。

では、そこから「知恵」について見えてくることは何ですか？

うーん、そうですねえ……。一般に「知恵を持っている」とか「知恵が働く」という言い方がありますから、「知恵」とは何か「力」に関係しているのではないでしょうか。私たちは、知恵を持って、知恵を働かせることによって、問題を解決したり、前進したりすることができるからです。

そのように知恵を純粋に機能の面から見ると、浅知恵、悪知恵などという使われ方もするでしょう。あなたがたの卑小な自我が生み出す浅はかな知恵が、自分の欲望のために使われると、悪知恵となるのです。それは知恵と呼ばれても、真の知恵ではありません。なぜならそれは真の善、すなわち真の愛と結びついていないからです。そのような知恵に力があるように見えても、それは幻想であり、一時的で、いつかは泡のように消え去るものです。
これに対し、神の「知恵」については、それを一言で説明することは不可能です。また、それをあなたがたの言葉で完全に説明し尽くすこともできません。

しかし、あなたが知恵一般について説明したように、神の「知恵」も「力」を持っています。しかもその力は、無限です。ですから、神の知恵は、あなたがたに絶えず働きかけ、人生を力強く生きてゆく「勇気」も与えてくれるのです。そして、知恵はあなたがたを導く「光」となるのです。

さらに、神の知恵が神の愛と分離して働くことはありません。もし、分離して働くならば、神の知恵は熱のない冷たい光のようなものになってしまいます。それはあなたがたにも、私たちにも耐え難いことでしょう。また、神の愛が神の知恵と分離して働くこともありません。もし分離するならば、あなたがたも私たちもその愛の熱に耐えることはできません。ですから、神の愛と知恵は常に一体となって、宇宙に顕れるのです。そのようにしてあなたがたは、神の愛と知恵によって、穏やかに導かれているのです。

創造され得ない存在とは

それが第五章で明らかになった、神の「恩寵」の顕れ方なのですね。

無限の愛と知恵が一体である「創造され得ない存在」は「恩寵」として、創造の初めから宇宙に顕れていますが、さらにその恩寵を上回る「驚くべき恩寵」として、あなたがたの歴史のなかに顕れたのです。

それは、「創造され得ない存在が、創造されつつある存在に身を置く」ことと関係しているのですね？　いよいよその謎に迫ることができるのですか？

その時がきました。その前に、「創造され得ない存在」についてここでもう一度確認しておきましょう。

創造され得ない存在とは、それ自身で立ち、それ自身で完結し、何一つ欠けるところはありません。それは無限の愛と知恵、すなわち無限の生命です。したがってそれは無限の創造的エネルギーでもあります。無限の創造的エネルギーは、何かを創造せざるを得ません。それが宇宙です。しかし宇宙は無限的ではあっても、無限そのものではありません。なぜなら無限から創造される無限が可能だとするならば、まったくもとの無限と同一であり、それは神だからです。このように無限なる神はそれ自身で完結し、創造され得ない存在であり、唯一です。

創造されつつある人間とは

では、私たち人間とは、いったいどのような存在なのでしょうか？

あなたがたは創造された存在であり、したがって無限の神の愛と知恵を反映した存在でもあります。しかしこれは、完成された存在としてのあなたがたの姿です。あなたがたは完成された、つまり創造の完結した存在ではありません。なぜなら、あなたがたは間違いや誤りを犯すからです。

それでも、あなたがたは間違いや誤りから学び、気づいていくことができます。あなたがたは無限の創造的エネルギーのなかにあって、この「学び」と「気づき」のプロセスの道を歩みながら完成に向かって進化していきます。

ですからあなたがたは「すでに創造された存在」ではなく、「今ここで、創造されつつある存在」なのです。これは永遠に完結することはありません。こうしてあなたがたは、神の無限の愛と知恵を反映するように、永遠に向かって創造されつつあるのです。有限な存在であるあなたがたは、無限の神に向かって創造されつつあります。こうしてあなたがたは無限の神の「映像」となることができるように導かれてゆくのです。

人間はどのように導かれてきたか

歴史的に言うと、その「導き」はどのようにして行なわれたのですか？

人間が外なる宇宙に出現して以来、無限の神はさまざまな方法で人間を導いてきました。あなたがたの「内なる眼」を通して、真理が啓示されることもありました。あるいは、あなたがたのだれかに真理が啓示され、その人がそれを伝えることもありました。また、あなたがたのだれかが神の臨在に満たされることによって真理が啓示されることもありました。

これらはすべてあなたがたが「道」を見失いそうになったとき、「勧め」「警告」「預言」「教え」「励まし」としてあなたがたを導いてきたのです。

これらは本来、永遠性を秘めているものでしたが、あなたがたの有限性は、それらを一時的なものとしてしまいました。すなわち、それらを世代を超えて保持することができなかったのです。ですから、時折、永遠の真理を伝える使者が現れて、あなたがたに永遠の生命に至る道を述べ伝えてきたのです。

それ以外の導きの方法はなかったのですか？

創造されつつある存在であるあなたがたは、このようにして導かれていくほかありませんでした。それは前にも述べましたように、あなたがたの「自由意志」が、決して損なわれないためです。自由のないところには、たとえ真実が明かされても、あなたがたの「魂」に根付くことができないからです。そのために何世代にもわたって、数多くの使者が遣わされてきました。歴史のなかで、彼らは「勧告者」「警告者」「預言者」「教師」「激励者」としてあなたがたの前に現れ、あなたがたの「目覚め」と「気づき」を促してきたのです。このなかには数多くの宗教的指導者もいました。現在の世界的な宗教の起源はそこにあります。

しかし、どんな使者もその役目が果たせなくなるときがあります。そのときあなたがたは、内面の自由を失う危険に陥るのです。

人間の内面が「闇」に覆われたとき

「使者」たちが役目を果たせなくなるとは、どういうことでしょうか?

そのうち、もはやどんな使者によっても、あなたがたの眼が開かれないときがきました。この事態は、あなたがたの内面世界が闇に覆われることによって生じました。この闇は人間が自ら招いたものでした。しかしほとんどの人はこの闇に気づいてもいませんでした。闇に気づかないと、人間の内面的なものはまったく意に介されることがなくなります。そして人々は、外面的なことだけしか見えなくなります。その結果、迷信、魔術といった幻想がはびこり、理性や合理的思考は迷信や魔術の僕《しもべ》となってしまったのです。

これは人間がそれまでに経験したことのない危機でした。もちろん善良な人々もいましたし、真理の伝承もありました。しかし、それは弱々しく、今にも絶えようとしていたのです。

私たちの内面が「闇」に覆われると、どんなことが起きるのですか？

最初に創造された人間は、行為即善でした。彼らは内なる真の自由のなかにいました。しかし、あなたがたの内面が闇に覆われると、真の自由は失われます。内面の自由を失うと、行為即悪となるのです。

最初の堕落以来、あなたがたは善と悪を自由に選び取る存在となりました。すなわちあなたがたは、常に善と悪のバランスのなかにあるのです。このバランスがあなたがたの自由意志を、いわば「保証」しているのです。

このバランスが崩れると、あなたがたは自由を失い、自ずと悪を選ぶようになってしまいます。そこでは善とは何かという知識さえも忘れ去られます。これは人間性の危機です。

善と悪の狭間《はざま》にあって、あなたがたの自由意志によって、そのどちらかを選ぶことが人間性の証なのです。しかし、悪を選ぶ自由があっても、それを退け、善を選ぶ自由が真の自由です。そこに真の人間性が依存しています。そして人間の真の高貴さはそこにかかっています。

でも、そういう「闇」のなかにあっても「光」があれば、それは私たちを導くことができるのではないでしょうか？

「小さな闇」には、使者たちがもたらす「小さな光」で十分でした。しかし、そのときの闇は、小さな光では晴らすことのできない「大いなる闇」でした。大いなる闇のなかでは、小さな光は、全体を明るくする力を持ち得ません。大いなる闇には、それに打ち勝つ大いなる光が必要だったのです。大いなる光は、どんな人間、どんな天使にも担うことができません。なぜなら、人間も天使も有限な存在だからです。

どんな人間、天使にも不可能だとしたら、あとは神が直接、私たちに「光」をもたらすほかないのではありませんか？

「大いなる光」の顕現

神の無限の「知恵」は創造され得ず、それは大いなる光でもあります。そして神の無限の「愛」は創造され得ない、大いなる炎です。

前に述べましたように、神の無限の愛と知恵は分離できません。したがって、愛と知恵の存在としての無限の神が、あなたがたの世界に直接顕れることは、ちょうど太陽があなたがたの地球の間近に接近するようなことになります。太陽の大いなる炎と光があなたがたの地球を直接包み込むと、地球は滅びます。これと同様に、あなたがたは神の直接の顕現に耐えることはできません。それは人間の生命そのものを奪うことになるからです。

たしかに、どんな人間、天使にも、もはや人間を教えることができないのであれば、神が直接人間を教え導くしかありません。しかし、前述のように、神の愛と知恵が結びついた大いなる炎、大いなる光として顕現することは不可能です。そこで神は、創造され得ない大いなる炎、光ではなく、大いなる光がやわらいだ「光」としてあなたがたの前に顕れたのです。

大いなる光はどうすればやわらぐのでしょうか？

それは、大いなる光があなたがたと同様な「有限な人間性」をまとうことによって可能になります。たとえば、羊飼いが絢爛豪華な王様の身なりをして羊の前に現れたら、羊は逃げてしまうでしょう。ですから、良き羊飼いは羊の衣を着て、羊たちに恐れを抱かせずに羊たちを導きます。「有限な人間性」とは、この羊飼いの羊の衣なのです。

つまり「創造され得ない存在」は、有限な人間性をまとうことによって、「創造されつつある存在」としてあなたがたの前に顕れることになったのです。

「仕える存在」とは

そこが重要なポイントだと思います。もう少し具体的に話してください！

私たちはあなたがたに「仕える存在」ですが、私一人で、あなたがたすべてに仕えることはできません。私たちの仲間、兄弟と協力することによって、あなたがたすべてに仕えることができるのです。

しかし、無限の神は、お一人で、あなたがたすべてに「仕える存在」です。そして、あなたがたに最大の危機が迫っているとき、神はあなたがたに「仕えられる存在」ではなく、あなたがたに「仕える存在」として、あなたがたの前に顕れたのです。

これが「創造され得ない存在が、創造されつつある存在に身を置く」ことの意味です。

神は「仕えられる存在」ではなく、「仕える存在」であるとは……。
これは私たちの神に対する考え方を一変させるものです！

そこに、「創造され得ない存在」、すなわち「仕える存在」の秘密があるのです。神は昔の専制君主のように人々から「仕えられる存在」ではありません。

神はその無限の愛と知恵に満ちあふれた恩寵によって、星々に、名もない草や花に、青空に現れては消える雲に、あなたがたのまわりをめぐるありふれた風や水に、子どもの遊び道具となる石や砂に、そしてあなたがたすべてに仕えているのです。

このように「仕える存在」である神が、あなたがたの「衣」をまとって、あなたがたの前に顕れたからといって、何の不思議があるでしょうか？

「闇」に囚われたあなたがたを解放するために、あなたがたが捕らえられている「獄舎」を訪れたからといって、何の不思議があるでしょうか？

あなたがたでさえ、子どもが囚われの身になれば、その身代わりになりたいと願い、場合によっては、自らの命さえ差し出すのではありませんか？

まして、無限の愛と知恵そのものである神が、あなたがたのために自らを捨て、自らが犠牲になることに、何の不思議があるでしょうか？

これが「創造され得ない存在」の「驚くべき恩寵」なのです。

分離不可能な愛と知恵

深く感動しました。私たちはほんとうに、神のことを知らなかったのですね。知らなかったというよりは、誤解していたのですね。

でも、「大いなる光」すなわち神の無限の知恵が、私たち人間と同じような人間性をまとうと、本来分離できない愛と知恵が、分離してしまうのではありませんか?

実際、このように創造され得ない存在が、創造されつつある存在として外なる宇宙に顕れると、その愛と知恵は、あなたがたには分離して見えます。ですから大半の人は、その存在を普通の人間としてしか認識できません。しかし、これは「外観」なのです。

私には、その意味がつかめません……。

では、たとえで説明しましょう。

あなたがたも知っているように、指輪のようなリングは、古来、「永遠」の象徴でした。あなたがたも結婚する際、その愛が永遠に続くようにと、指輪を交換するのでしたね。このように環、リングは「永遠」の象徴です。

では高次元の存在である永遠なるものが、あなたがたの世界、すなわち低次元の世界に顕れると、どのように見えると思いますか？


たとえば、私たちの世界を二次元、つまり平面世界とするならば、「指輪」は三次元、つまり私たちの平面世界よりも高次元に存在します。その指輪が平面世界に現れると、すなわち指環が平面で切り取られると、二つの分離した円の形が現れますね。あっ、そうか！

指輪そのものは一つであるのに、それを低次元の世界で見ると、二つに分離した円として見える。それが、あなたの言う「外観」ですね。


永遠なる存在は、今あなたが説明したことと似た理由で、あなたがたの前に外観をともなって顕れます。神の無限の愛と知恵も分離できません。しかし、有限な人間性をまとってあなたがたの世界に顕れるとき、それは分離して見えざるを得ません。なぜなら、通常あなたがたは、肉体の目に縛られていて、それ以上のレベルにある存在を見ることができないからです。

以前あなたは、神は「真の人間」であるとおっしゃいました。真の人間が、私たちのような有限な人間性をまとうとはどういうことなのですか？

見える神とは

神は「真の人間」であっても、あなたがたのような有限な肉体を持った存在ではありませんでした。外なる宇宙にある肉体は、やがて土に帰るからです。しかし、神が有限な人間性をまとう以前は、神の人間性は無限でした。あなたがたは無限の人間性を肉体の目で見ることはできません。たとえ見ることができても、あなたがたはそれに耐えることができません。

無限の人間性は、無限の愛と知恵の顕れです。あなたがたが無限の愛と知恵を直接見ることは、太陽を間近に見ることにたとえられます。有限なあなたがたはそれに耐えられるでしょうか？　だからこそ、無限の人間性を持った神は、古来「見えない神」と言われてきたのです。

しかし、あなたがたにかつてない危機が訪れ、もはやそれまでの方法ではあなたがたを導くことができなくなったとき、神はあなたがたと同じ有限な人間性をまとうことによって、あなたがたの前に顕れたのです。こうして「見えない神」は「見える神」となりました。

そうか！　神が私たちと同じような人間性をまとうということは、私たちが神を直接見ることができるようになるためだったのですね。

それでは「創造されつつある存在」として地上に顕れた神はどのようにして「大いなる闇」を晴らしたのですか？

神は有限な人間性をまとうことによって、「創造され得ない存在」から「創造されつつある存在」に身を置きました。そして「大いなる闇」を晴らすため「創造されつつある存在」は「大いなる試練」を受容しなければなりませんでした。

「創造されつつある存在」は、あなたがたとともに歩み、生き、あなたがたとともに喜び、笑い、悲しみ、苦しみました。そして「創造されつつある存在」の「死」もありました。いったん死ななければ、「大いなる闇」は去らないからです。

しかし「創造されつつある存在」の「死」は、「死の死」だったのです。すなわち「創造されつつある存在」は、「死」は幻想であることを、身をもって示したのです。こうして神は無限の愛と謙譲さから身を低くして、あなたがたの前に「仕える存在」として顕れ、「大いなる闇」を晴らし、「死」に勝利したのです。

しかし、「大いなる光」、すなわち神がまとった有限な人間性は、結局土に帰らざるを得ないのではありませんか？

こうしてあなたがたの前に顕れた存在の内なるものは「大いなる光」、「創造され得ない存在」でした。

「創造されつつある存在」は、人間としてあなたがたとともに生きることによって、自らの内にある「創造され得ない存在」に向かって、身にまとった有限な人間性を、最も外なる無限の人間性へと変容させていったのです。ですから、「神の知恵」が身にまとった有限な人間性は、土に帰るのではなく、神の無限の愛へと帰るのです。有限な人間性を身にまとい、地上に顕れた神は、このことによって、あなたがたに真の人間であることの「模範」を示したのです。

またこのことによって、もとから存在していた神の無限な人間性に、最も外なる無限な人間性を付け加え、神はそれ以前にもまして輝く存在となり、あなたがたに「見える」存在となったのです。そして「大いなる闇」のなかで失われていた善と悪のバランスが回復し、あなたがたの自由意志も回復したのです。こうして、「大いなる闇」は去り、それ以来善と真理は、「使者」を通してではなく、神から一人ひとりの人間に、直接注がれることが可能となったのです。

今までお話しいただいたことは、私にはとてつもないことのように思われます。言うべき言葉を失います。広大な宇宙の片隅にある、このちっぽけな地球に……。

外なる宇宙では地球はごく目立たない存在かもしれません。しかし無限の存在はどんな些細《ささい》な存在にも無限の配慮を注いでいます。一枚の枯れ葉が木から落ちることにも無限の配慮が働いています。ましてあなたがたが困難にあるときには、なおさらのことではないでしょうか？あなたがたの人生で起きることは、宇宙的なスケールから見るとほとんど些細なことばかりに見えるでしょう。しかしその小さなことが積み重なって、人生があり、全体としての宇宙があるのです。

ですからあなた自身やあなたのまわりで起きていることに、くよくよ悩まず、愛と思いやりを持ち、毅然として立ち向かってください。無限の存在は些細なこと、小さなこと、とるに足らないこと、微妙なこと、精妙なことにも宿っています。そしてその無限の愛と知恵を注いでいます。なぜなら無限の存在は宇宙の最大のものにも、最小のものにも同一だからです。

そこに気づくとき、あなたは人生を無限の存在にゆだねることができます。ゆだねれば、「人生で起きることはしょせん小さなことだ」と、改めて悟ることができます。これは小さなことを無視するということではありません。とるに足らないことにも無限の愛が働いていることに気づくことなのです。そして人生においてほんとうに大切なことは一つしかなく、それは「愛」であると気づくことができるのです。

そうか……、そうだったのか……。あなたのお話をうかがって、霧が晴れていくような感じがします。そして気持ちが楽になりました。

これが「創造され得ない存在が創造されつつある存在に身を置く」ことについての、あなたのお話しのすべてですか？

いいえ、すべてではありません。ここで語ったことは、いわば「要約」です。そして、これまでに語ってきたすべてのことも、要約なのです。
あなたは最初に「無限」とは何かについてたずねました。そしてそこから宇宙や神、人が人であるかぎり避けられない疑問の数々を対話によって探求してきました。そして最後に、神の「無限の愛」が「形」となって地上に顕れたこと、その意味を知ることができました。
しかし、この対話によって探求されていない、さらに驚くべきことがたくさんありますが、今はここまでにしておきましょう。これまでの対話は、そのはじまりにすぎません。

ということは、また、あなたとの対話を進め、それを公開できるような原稿にまとめなければならないのですね？

それはあなたの自由です。しかし、あなたと私との対話はこれで終わったわけではありません。

しかし、これまでの対話で語られたことでさえ、すべてではなくとも、ある程度でさえ受け入れられるかどうか、私には自信がありません。

あなたが生きている時代のように、あらゆる問題が次から次へと起こり、それに対するありとあらゆる回答のようなものが現れ、人々が出口を求めていろいろと模索をする混乱した時期でなければ、この対話で明らかにしていったことは無視され続けたでしょう。しかし、この対話で明らかにされたことを、緊急に必要とする人々が少なからずいるのも事実です。

そこに気づいて、勇気を持ってください。そしてこの対話の最初でも述べましたが、あなたがたが求めるべきは「出口」ではなく、「入り口」なのです。そしてこの対話が、今のあなたがたにとって未知なる世界への「入り口」となるよう願っています。

では、あなたと私の対話はまだ続くのですね？

ええ。あなたが望むなら。

私は、あなたとの対話の再開を待ちます。

そのときまで、あなたの上に、平安がとどまりますように。

おわりに

本書を執筆中、実に奇妙なことが起こりました。

それは寝入りばなのまだ完全に眠りについていないときのことでした。しかし「夢」を見たわけではありません。何かとてつもなく強大な「力」の存在を感じ、それに抵抗するようなことはとてもできそうにない「体験」が私を襲ったのです。

それまでそういうことは起きたことはなかったし、これからも決して起きてほしくないような体験でした。具体的にどういう体験なのかは控えますが、真に恐ろしい出来事だったことだけは言っておきましょう。

先入観として、天使との対話を体験したならば、何か恍惚となるような美しく喜ばしい体験をするのではないかと思われるかもしれませんが、私の場合は違っていました。あまりにショッキングだったので、その後しばらく何も手につかない状態でした。それほどの「恐怖体験」でした。

その後、その体験について自分自身を反省し、なぜあのようなことが起きたのかを考えてみましたが、しばらくは理由がわかりませんでした。それでもついに回答が与えられました。それはあらゆる生命に対する「畏敬の念」を忘れないようにという警告だったのです。

それ以来私は、「虫も殺せない」状態になりました。

それまでの私は、人から忌み嫌われるゴキブリのような昆虫は、見つけ次第、何のためらいもなく即座に殺していたものです。しかしあの夜の体験以来、それができなくなりました。今ではゴキブリが現れると、「ああ、こいつも一生懸命生きているんだなぁ……」と思うようにさえなりました。それがはっきりわかるのです。そこにはある種のコミュニケーションが成立しているからです。

ほかの生命とコミュニケーションが成立すると、人はもうその生命をむやみに殺すようなことはできなくなります。まして私の場合、本書を執筆中でしたので、それは決してしてはならないことだったのです。生きとし生けるもの、あるいは生物無生物を問わず、無限の存在の「慈悲」がゆきわたっています。私はそこに気づかねばならなかったのです。

また、天使との対話が続いているときは、ふだんは気にもしない風の流れや、雨の音、庭で微風にゆらめく木々の葉の様子、鳥や小動物たちの姿がいつも以上に生き生きと感じられます。これはそれまでに経験したことのない状態です。そしてものの見方が今までとまったく違ってしまったのです。

それ以来私は小さなことにくよくよしません。というより、できなくなりました。人生で起きるほとんどのことはしょせん小さなことです。ほんとうに大切なことは一つしかないのです。それは本書のテーマでもある「愛」であることに気づかされたからです。

そして本書を脱稿したあとに、あの夜の体験のもっと深い意味を教えられました。それは「古い自分」、つまり何かにとらわれ、そこに縛られたままの「思考」から引き離されるときの恐怖と苦悶を示していたのです。「長年慣れ親しんでいたものを剥奪されたり、そこから引き離されたりするとき、人は恐怖や苦痛を覚えます。特に『小さな自分』、つまり『卑小な自我』は、たとえ意識していなくても、あなたがたが後生大事にしているものです。これが剥奪されることはあなたがたにとって耐え難いことなのです。ですからそれから引き離されるとき、最大の恐怖を感じるのです」と、天使は示してくれたのです。

これがあの夜の体験でした。それ以来私はほんとうに死に対する恐怖がなくなりました。あの夜の体験は自分が殺されて死ぬよりも、もっと恐ろしい体験だったからです。

本書の執筆を通じて何度も原稿を見直していますが、そのたびに私自身の「魂」が浄化されていくのを感じました。そして読み終わったあと、ふだんの生活でため込んでいた「心のゴミ」がきれいに洗い流されていることにも気づきました。

そしてこれも不思議なのですが、たとえばこれまで歯が立たないと思っていた難しい本を読んでみると、すーっと頭に入ってきて何の苦もなく読めることに気づきました。これは多分「心のゴミ」がなくなることによって、「思考のゴミ」も消えたからなのではないかと思います。「天使との対話」は思考にも好影響をもたらしたのです。読者の皆さんも本書を繰り返し読まれれば、きっと私と同じような思いを抱かれると思います。

本書を手にされ読まれた方が、このような読後感を持つことができ、人生に明るい展望を持つことができるようになることが、天使の願いであり、私の希望でもあります。

最後になりましたが、本書の原稿を読まれ、出版を快諾してくださった成甲書房に深く感謝します。この出会いがなければ、本書は日の目を見ることもなく、「天使との対話」は私だけの「天使体験」に終わっていたことでしょう。それでも私自身の人生が無限の存在によって「創造されつつある」ことはたしかですから、もう私は希望を失うようなことはないでしょう。

天使から読者へのメッセージを一つ。

「皆さん自身に起きていること、皆さんのまわりで起きていることは、無限に広がる美しいタペストリーのなかの小さな模様、あるいは模様を構成する糸切れの一つかもしれません。しかし、皆さんはその美しいタペストリーの一部であり、無限に続く楽曲のメロディーなのです。そして皆さんがいなければ、無限のタペストリーも、楽曲も完成しないのです」

二〇〇五年一月　夏沢俊介

◉著者について

夏沢俊介（なつさわ しゅんすけ）

東京理科大学を卒業して科学の道を志すも、本好きが高じてサラリーマン編集者となる。いくつかの出版社で経験を積み、その後ライターとして独立し、科学関係の執筆・編集に携わる。科学の可能性を信じつつも、それを超えた「未知なること」「サムシング・グレート」なことについてもオープンなスタンスであるべきというのが基本的スタンス。本書は著者の実体験を基にした貴重な記録である。

天使《てんし》との対話《たいわ》

悩《なや》みが消《き》えてゆく
スピリチュアル・メッセージ

◉著者
夏沢俊介《なつさわしゅんすけ》

◉発行日
初版第1刷　2005年2月5日

◉発行者
田中亮介

◉発行所
株式会社 成甲書房

郵便番号101-0051
東京都千代田区神田神保町1-42
振替00160-9-85784
電話 03(3295)1687
E-MAIL mail@seikoshobo.co.jp
URL http://www.seikoshobo.co.jp

◉印刷・製本
中央精版印刷株式会社

Printed in Japan, 2005
ISBN4-88086-176-6

定価は定価カードに、
本体価はカバーに表示してあります。
乱丁・落丁がございましたら、
お手数ですが小社までお送りください。
送料小社負担にてお取り替えいたします。